W0194897

»Ein wenig Eigensinn hat noch nie geschadet.«

FRANKFURTER ALLGEMEINE ZEITUNG

England ist berühmt für seine ländliche Idylle, für reetgedeckte Cottages und seine gemütlichen Pubs und Tea Rooms. Dass es auf der Insel aber auch extravagant und exzentrisch zugeht, davon zeugen nicht nur die spektakulären Hutkreationen von Ascot, sondern auch so manch aufsehenerregende Dame aus der Oberschicht. Luise Berg-Ehlers erzählt von englischen Aristokratinnen, die aus dem engen Korsett gesellschaftlicher und familiärer Konventionen ausbrachen und sich als extravagante Schlossherrinnen, exzentrische Society Ladys, als unstandesgemäße Gärtnerinnen oder rebellische Schriftstellerinnen einen Namen machten. Kein Wunder allerdings, wurden diese Frauen doch in ein herrschaftliches Leben hineingeboren, das den perfekten Nährboden für allerlei skurrile Auswüchse bot – und auch heute noch, nicht nur in »Downton Abbey«, für Furore sorgt.

Luise Berg-Ehlers studierte Germanistik, Theologie, Theaterwissenschaft und Publizistik in Hamburg und Bochum. Sie hat als Autorin und Herausgeberin zahlreiche Bücher veröffentlicht, u. a. erschienen *Mit Virginia Woolf durch England* (2012) und *Mit Miss Marple aufs Land* (2015) im insel taschenbuch. Sie gilt als exzellente Kennerin der englischen Kultur und reist selbst leidenschaftlich gerne und ebenso regelmäßig durch Großbritannien.

insel taschenbuch 4438
Luise Berg-Ehlers
Extravagante Engländerinnen

Erste Auflage 2016
insel taschenbuch 4438
Insel Verlag Berlin 2016

© 2014, Elisabeth Sandmann Verlag GmbH, München
Alle Rechte vorbehalten, insbesondere das der Übersetzung, des öf-
fentlichen Vortrags sowie der Übertragung durch Rundfunk und
Fernsehen, auch einzelner Teile.
Kein Teil des Werkes darf in irgendeiner Form (durch Fotografie,
Mikrofilm oder andere Verfahren) ohne schriftliche Genehmigung
des Verlages reproduziert oder unter Verwendung elektronischer
Systeme verarbeitet, vervielfältigt oder verbreitet werden.

Vertrieb durch den Suhrkamp Taschenbuch Verlag

Umschlag, Innenseiten und Satz: *Schimmelpenninck.Gestaltung, Berlin*
Druck: *CPI—Ebner & Spiegel, Ulm*
Printed in Germany ISBN 978-3-458-36138-1

Luise Berg-Ehlers

Extravagante
Engländerinnen

*Adelige Landpartie
zwischen Herrenhaus,
Gartenidylle und
Dinnerparty*

Insel Verlag

Inhalt

Einleitung

Die weibliche Macht des Adels in England

Der Fremde in England macht häufig die Wahrnehmung, dass Schönheit und Reiz des Landes Privateigentum sind und dass man, um Zugang zu ihnen zu bekommen, stets einen Schlüssel braucht.« Während der amerikanische Schriftsteller Henry James diese Feststellung Anfang des letzten Jahrhunderts mit Bedauern schreibt, da er nur unter Schwierigkeiten den Zutritt zu Schlössern erhält, hat es der heutige Reisende leichter – fast alle großen Häuser haben ihre Türen geöffnet, um Besucher einzulassen. Allerdings geschieht dies weniger aus purer Gastlichkeit als aus schierer Not, denn der Unterhalt von Schlössern und Herrenhäusern ist von den Besitzern kaum mehr aus eigenen Mitteln zu leisten.

Und für alle, die »Schönheit und Reiz« adeliger Liegenschaften kennenlernen möchten und darüber hinaus zumindest einen kurzen Blick in die für sehr viele Menschen fremde Welt des Adels werfen wollen, bietet sich hier eine Möglichkeit. Denn nicht nur für einen Bewohner der Britischen Insel, sondern auch für Besucher vom Kontinent ist es normalerweise nicht leicht, Zu-

Hampton Court ist mit seinem 2,43 Hektar großen Garten
und der prächtigen Innenausstattung eines
der prunkvollsten Schlösser Englands. Hier ein Blick
in einen Teil der wunderschönen Gartenanlage.

THE GRAPHIC

AN ILLUSTRATED WEEKLY NEWSPAPER

No. 1,182—Vol. XLVI
Registered as a Newspaper

SATURDAY, JULY 23, 1892

THIRTY-TWO PAGES

[Price Sixpen
By Post 6½

ARCHERY IN REGENT'S PARK: THE LADIES' MATCH
A SKETCH AT THE ROYAL TOXOPHILITE SOCIETY'S MEETING

gang zu adeligen Kreisen zu erhalten. Meistens sind es die »bunten Blätter«, die in Deutschland wie in Großbritannien für die Unterhaltung derer sorgen, die am Leben der Oberschicht wenigstens durch regelmäßige Lektüre teilhaben möchten, und dabei zumeist auf Berichte stoßen, in denen das Königshaus und die Schicksale der jeweiligen *royals* die Hauptrollen spielen. Doch auch andere Aristokraten dürfen auf interessierte Anteilnahme der Öffentlichkeit rechnen – vor allem dann, wenn ihre Aktivitäten Spezifika englischer Lebensweise zeigen. Das beginnt beim Wohnstil in Herrenhäusern und Schlössern, bei Jagden und Landpartien auf den ländlichen Besitzungen, zeigt die Raffinesse von Gärten und deren Gestaltung und berücksichtigt natürlich auch die Entfaltung von Kunst und Kultur, vor allem von Literatur. Interessant ist es, zu sehen, in welchem Ausmaße vor allem adelige Ladys Geschmack und Lebensart bestimmen und dabei Einfluss nehmen auf die Herausbildung von Stil und Savoir-vivre in der englischen Gesellschaft.

In kaum einem anderen europäischen Land hat der Adel noch heute eine solche Bedeutung wie in England

In kaum einem anderen europäischen Land hat der Adel noch heute eine solche Bedeutung wie in England, wo er eine festgefügte und von weiten Kreisen der Bevölkerung trotz mancher Kritik akzeptierte Institution ist. Doch was von außen homogen erscheint, ist in sich außerordentlich differenziert, und das betrifft nicht nur die Rangordnung, sondern auch die soziale und kulturelle Bedeutung der Angehörigen des Adels. Grob zu differenzieren ist zwischen der *peerage*, dem Hochadel, und der *gentry*, dem niederen oder Landadel, deren Besitz und Einfluss sich, vor allem im politischen Bereich, stark unterscheiden. Die Peers waren – bis zur Reform durch die Labour-Partei unter Premierminister Tony Blair 1999 – politische Repräsentanten im Oberhaus, auch wenn ihre Macht-

Hever Castle war im 16. Jahrhundert
der Landsitz der Familie Boleyn.
1903 erwarb William Astor das Herrenhaus
und ließ einen italienischen Garten
auf dem weitläufigen Gelände anlegen.

befugnisse im Laufe der Jahrhunderte erheblich geringer wurden. Zwar stützte sich der Einfluss des Adels vor allem auf seine männlichen Mitglieder, doch anders als auf dem Kontinent schufen sich die adeligen Ladys lange vor der Durchsetzung von Gleichberechtigungsreformen ihre eigene Stellung — sei es in der Politik, in der Literatur oder in der Gartenkunst.

Der wohlhabende Adel, und das war meistens jener mit großem Grundbesitz, verfügte in der Regel mindestens über zwei Wohnsitze: In der Parlamentssaison — offiziell dauerte die soziale *season* von April bis August — residierte man in London (unter anderem, um die heiratsfähigen Töchter in die Gesellschaft einzuführen), im Herbst zog man in die großen Häuser auf dem Lande (etwa auch, um sich zu Fuchsjagden zu treffen, den Reitsport auszuüben und *fieldsports* zu betreiben). Es war aber auch in London möglich, auszureiten — die vornehme Gesellschaft traf sich im Hyde Park auf der Rotten Row, um dort die Pferde traben zu lassen oder sich bei einer Kutschfahrt der Menge zu zeigen. Metropole und *countryside* waren von einer zwar unterschiedlichen, aber immer wichtigen Bedeutung für die adeligen Familien und der Aufenthalt an beiden Orten mit mannigfachen Aufgaben und Anforderungen für die Damen verbunden.

All diesen Verpflichtungen aber konnten — und können — die Herrinnen der Häuser nur nachkommen, wenn sie über eine große Schar von Bediensteten verfügen, und dies ist zumindest in der Gegenwart nicht mehr üblich. Das besondere Verhältnis von Oben und Unten, von *upstairs* und *downstairs,* eröffnet eine eigene Welt der Beziehungen, die nicht selten dramatisch, kaum aber konfliktfrei sind. Viele Romane und nicht wenige Fernsehserien — erinnert sei beispielsweise an »*Downton Abbey*« und »*Das Haus am Eaton Place*« — beziehen ihren Erfolg beim Publikum aus dieser sozialen Problematik.

Doch auch Belastungen lassen sich mit der an Engländern besonders geschätzten Eigenschaft, dem Humor, eher bewältigen. Und deshalb darf man nicht irritiert sein, wenn man liest, was Nancy Mitford, Aristokratin und Autorin, 1956 über den eng-

London.

Rotten Row, Hyde Park.

lischen Adel schreibt: »Vielleicht sieht es so aus, als stünde die englische Aristokratie kurz vor dem Untergang, aber sie ist die einzige
echte Aristokratie, die es auf dieser Welt heute noch gibt. Durch
das Oberhaus verfügt sie über reale politische Macht und durch die
Königin über eine reale Position in der Gesellschaft. Eine Aristokratie in einer Republik gleicht einem Huhn, dem man den Kopf
abgeschlagen hat: Vielleicht läuft es noch munter umher, aber in
Wirklichkeit ist es tot.« Nun neigte schon die sehr junge Nancy
Mitford zu Übertreibungen und sarkastischen Statements, mit denen sie ihre Geschwister zum Weinen und ihre Freundinnen zum
Lachen brachte, weshalb ihr tierischer Vergleich auch nicht ganz
ernst zu nehmen ist.

Neben den königlichen Herrscherinnen im Mittelalter und in
der frühen Neuzeit, wie Eleonore von Aquitanien oder Elizabeth I.,
gab es viele andere Damen von Adel, nach denen zwar nicht ein
Zeitalter oder ein Architekturstil benannt wurden, deren Einfluss

---

Die Rotten Row im Hyde Park
diente als Flaniermeile für die Londoner High Society.

auf Kultur und Gesellschaft aber ebenfalls von Bedeutung und teilweise sogar von historisch zu nennender Wirkung war. Dabei gerät nicht nur der Hochadel in den Blick, sondern daneben Angehörige der *gentry*, also des niederen Adels. Und auch jene Frauen sollen Beachtung finden, die erst dadurch adelig wurden, dass entweder ihr Vater, ihr Mann oder sie selbst in den Adelsstand erhoben wurden. Auf den folgenden Seiten werden wir daher nicht nur Königinnen treffen, sondern Politikerinnen wie Nancy Astor oder Margaret Thatcher, Gärtnerinnen wie Vita Sackville-West oder Elizabeth von Arnim, Schriftstellerinnen wie Jane Austen oder Nancy Mitford und Gesellschaftsdamen wie Diana Cooper oder Edwina Mountbatten begegnen. Wir werden aber auch die Treppen hinabsteigen in das Reich der Bediensteten, wo viele weibliche Wesen unter schwierigsten Bedingungen dafür sorgen, dass die reichen Geschlechtsgenossinnen ihren Wohlstand genießen können.

Das Gemälde »Madame Recoit« von Remy Cogghe (1908)
zeigt einen nicht zu vernachlässigenden Aspekt
des Lebens der Bediensteten.

Denkmal von Königin Victoria
vor dem Kensington Palace.

Es lebe die Königin

und andere politisch aktive Ladys

An der Spitze der englischen Aristokratie stehen die *royals*, und die haben es nicht gerade leicht, denn sie müssen regieren, und das war schon harte Arbeit, als sie noch nicht, wie Prinz Philip sie später nannte, die »Firma« waren, die Glanz und Glamour produziert. Beim Regieren können sie nicht immer mit der Zustimmung ihrer Untertanen rechnen, und wenn es besonders schlimm kommt und sie sich nicht genügend entspannen, können sie krank werden oder den Kopf verlieren – Karl I. widerfuhr das sogar im wörtlichen Sinne. Um stets im Besitz von Kopf und Kräften zu bleiben, brauchten früher auch die Könige und Königinnen Großbritanniens Abwechslung und Erholung, denn nicht nur das Volk tat nicht immer das, was die Herrschenden wollten. Selbst in der Familie gab es Ärger – Elizabeth II. sprach einmal von einem »annus horribilis« mit Feuer, Scheidung und anderen Katastrophen –, und allein das standesgemäße tägliche Leben war strapaziös. Denn wenn die Monarchen nicht regierten, mussten sie sich und den Hof unterhalten, und das konnte zuweilen anstrengender sein als herrschen. Bis zur Thronbesteigung von Königin Victoria wurde am Hofe verschwenderisch gelebt und das königliche Vermögen

Die Statue von König Richard I., genannt Löwenherz, findet sich vor dem Parlament in London.

verprasst mit festlichen Bällen, häufigen Jagdgesellschaften und opulenten Mahlzeiten, an denen eine Vielzahl von Gästen teilnahm. Schließlich mussten aufwendige Menüs mit ungewöhnlichen Speisen vertilgt werden, deren Gangfolge für einen normalen Esser kaum zu bewältigen war. Obendrein verlangte das Leben am Hofe eine gute Konstitution in jeder Hinsicht, denn nicht immer teilte man ausschließlich mit dem Ehepartner das Bett — oder frei nach einem Chanson: Die Nacht war nicht allein zum Schlafen da.

Für die meisten Monarchen bot die Hauptstadt ihres Reiches nicht die gewünschte Rekreation von der Mühsal des Regierens. Und was der bürgerliche Brite, so er nicht unvermögend ist, für das erholsame Wochenende als Cottage auf dem Lande besitzt, das hatten und haben die *royals* in etwas größerer Ausführung in Gestalt von Schlössern zwischen der Isle of Wight und dem schottischen Hochland.

Von allen noch bestehenden königlichen Residenzen hat der St. James's Palace mitten in London die längste Tradition. Erbaut von Heinrich VIII., war er der Regierungs- und Wohnsitz fast aller Herrscher bis Königin Victoria. Viele zukünftige Monarchen kamen in dem Palast zur Welt, so 1665 auch Anna, die Tochter von Jakob II. Sie wurde 1702 in der Westminster Abbey gekrönt; fünf Könige regierten zwischen Elizabeth I. und ihr, die sich, trotz aller Verschiedenheit, die »jungfräuliche Königin«, so eine zeitgenössische Bezeichnung für Elizabeth, zum Vorbild nahm. Anna war weder jungfräulich noch schlank, aber sie schätzte wie Elizabeth I. das kulturelle Leben am Hof und im Land und förderte es nach Kräften; besonders beliebt war Georg Friedrich Händel bei der Königin, er widmete ihr sogar ein »Geburtstagsständchen«, die »*Ode für den Geburtstag der Königin Anna*«.

Den Weg in die Kirche konnte Anna nur unter großen Schwierigkeiten zurücklegen, denn sie war gesundheitlich angeschlagen. 17 Schwangerschaften, die häufig in einer Fehlgeburt endeten (nur ein Sohn überlebte die frühe Kindheit), und eine ausgeprägte Freude am Essen und Trinken hatten die Königin unförmig werden lassen — ihre Schwester Maria notierte einmal,

dass sie sich freue, Anna mit ihrem *big belly (dicken Bauch)* so wohl zu sehen. Glücklicherweise stand der Monarchin ein liebevoller und sogar treuer Ehemann zur Seite, ein Dänenprinz ohne die melancholisch-mörderische Attitüde eines Hamlet.

Zur Seite stand ihr auch Sarah Churchill, die spätere Herzogin von Marlborough, die als ihre Hofdame – politisch aktiv und strategisch versiert – einen außerordentlich starken Einfluss auf die Monarchin ausübte. Ihr Nachfahre Winston Churchill drückt das sehr dezent aus, wenn er schreibt, sie habe eine »ungewöhnliche Herrschaft über das königliche Herz« gehabt. Zeitgenossen spekulierten sehr viel offener über eine mögliche Liebesbeziehung zwischen Anna und Sarah, was der innige und intime Briefwechsel zwischen beiden nahezulegen scheint, wenn man ihn nicht in der Perspektive schwärmerischer Frauenfreundschaften liest, die auch im Spätbarock nichts Ungewöhnliches waren. Jedenfalls hat es in der englischen Politik kaum wieder eine derart enge und mächtige Verbindung zweier Frauen gegeben wie die zwischen Anna und

---

Blenheim Palace ist nicht nur berühmt,
weil Winston Churchill hier geboren wurde, sondern auch
für seine Pracht und den weitläufigen Park.

Sarah, zwischen der Herrscherin und einer im Hintergrund Herrschenden.

Ein Symbol für diese Beziehung ist das Anwesen Blenheim nahe Woodstock, das Anna John Churchill, dem ersten Herzog von Marlborough, zur Belohnung für die gewonnene Entscheidungsschlacht von 1704 im Spanischen Erbfolgekrieg schenkte. Blenheim Palace wurde zu einem der bedeutendsten Schlösser der Insel und erlangte Berühmtheit auch durch die Geburt eines der größten Männer Englands: Während eines festlichen Balls kam Lady Randolph Churchill 1874 vorzeitig mit ihrem Sohn Winston in einem Garderobenraum nieder. So riesig, wie das Schloss ist, hätte sicher auch ein anderer Raum zur Verfügung gestanden, aber Winston hatte es – wie auch später – sehr eilig. Allein ein Blick von außen auf das Gebäude macht deutlich, wie sehr Architektur und Herrschaftsgehabe zusammenhängen können. Heute gehört das Schloss der Marlboroughs zu den am meisten besuchten *stately homes* Großbritanniens, und nicht wenige kommen, um auch den von dem berühmten Gartendesigner Lancelot »Capability« Brown angelegten Garten zu bewundern oder um sich im Park zu einem Picknick niederzulassen – wer mag, kann einen gut gefüllten *picknick hamper* im Schloss vorbestellen.

Ein solcher Picknickkorb hätte der mehr als vollschlanken Königin Anna und dem ebenfalls übergewichtigen Prinzgemahl kaum ausgereicht, denn das Leben an ihrem Hof war üppig, und zu den Mahlzeiten wurde opulent aufgetischt, auch wenn man sich – scheinbar – auf drei Gänge beschränkte, aber die hatten es in sich! Nach- und nebeneinander zur Auswahl wurden zum Beispiel serviert: Taube, Rinderlendenbraten, Rückenstück vom Hammel oder Kalb, Truthahn, Wachtel, Fasan, Rebhuhn, Frikassee vom Kaninchen, begleitet von Gemüseplatten mit Morcheln, Trüffeln, Artischocken – und die Abfolge mit einer Dessertauswahl beendet. Damit alles auch zügig in den Magen gelangte, wurde kräftig ge-

---

Königin Anna, die Gemahlin des dänischen Prinzen George, gemalt von Edmund Lilly, 1703.

Königin Victoria umgeben von Mitgliedern der königlichen Familie. Osborne House. 1898.

trunken; pro Tag wurden dem Paar zusätzlich zum reichlich flie-
ßenden Bier serviert: zwei Flaschen Claret (Rotwein aus der Region
Bordeaux), zwei Flaschen Weißwein, zwei Flaschen Rheinwein und
drei Flaschen Sherry. Danach reichte die Energie gerade noch, sich
an den Kartentisch zu setzen und zu spielen. Meistens vergnügte
man sich mit Basset, einem aus Italien importierten Spiel. Daran
konnte sich fast nur der Adel erfreuen, denn die Einsätze waren
hoch und die Verluste noch höher, weshalb das Spiel dem gewöhnlichen Volke verboten war.

Zur Entspannung gehörte für die Queen zum einen die Jagd,
der sie eifrig, aber ungewöhnlich nachging: Da ihre Körperfülle
sie an einer Pirsch zu Fuß hinderte, kutschierte sie mit einem
Wägelchen hinter dem Wild her, konnte so im Sitzen anlegen und
vielleicht auch treffen. Allerdings bleibt zu fragen, inwieweit nicht
zuweilen quietschende Räder die Tiere in die Flucht schlugen.
Zum anderen schätzte sie die Gartenarbeit, und dafür boten die
Kensington Gardens reichlich Gelegenheit. Natürlich grub, jätete
und pflanzte sie nicht selbst, doch gab sie große Summen aus ihrer
Privatschatulle für die Gestaltung und Verschönerung der Anlage aus. Das Schloss erweiterte sie um eine Orangerie, damit auch
exotische Pflanzen im englischen Klima gedeihen konnten. Nicht
selten verließ sie St. James's Palace, um in Kensington Gardens
zu lustwandeln, denn St. James, mitten in der noch hygienefreien
Hauptstadt gelegen, war nicht nur nach dem Urteil der Monarchin
stinkend und stickig, und so wurde der Kensington Palace zu einer
Art Ausweichquartier.

Etwas mehr als 100 Jahre später wird in diesem Schloss ein
Mädchen geboren, das ebenfalls Königin werden wird – wiederum nach fünf Königen auf dem Thron! Im Mai 1819 kommt
Alexandrina Victoria zur Welt, die 1837 als Königin Victoria den
Thron besteigen und diesen bis 1901 innehaben wird. Sie ist damit
die bisher am längsten herrschende Monarchin, deren mehr als
63 Jahre dauernde Regierung das Synonym für ein Zeitalter wurde. Während all der Jahre stieg Großbritannien zu einer Weltmacht
auf, in deren Reich die Sonne nicht unterging und dessen indische

Territorien sogar zu einem Kaiserreich wurden. Zum 50. Thron-
jubiläum der Königin entwarf ihre Tochter, Prinzessin Louise,
eine weiße Marmorgestalt, die zur Erinnerung majestätisch-
voluminös vor dem Kensington Palace royale Macht repräsentiert.
Victoria war ein kleines, kräftiges Mädchen, das zu einer kleinen, kräftigen Frau wurde, und da sie gutes und vor allem üppiges
Essen schätzte, lief sie Gefahr, dass ihre Körpergröße von 1,52
Meter sich auch in die Breite ausdehnte. Diäthinweise beachtete
sie nur insofern, als sie kalorienärmere Gerichte nicht anstelle der
üblichen Speisen aß, sondern zusätzlich ins Menü aufnehmen ließ.
Sie blieb aber bis ins hohe Alter fit, weshalb sie auch ihrer Lust am
Tanzen lange nachgehen konnte – nicht unbedingt zur Freude ihres Mannes Prinz Albert von Sachsen-Coburg-Gotha, der wie viele
Männer höchst ungern tanzte. In Albert war sie schon nach der
ersten Begegnung verschossen und nach der zweiten verliebt, so-
dass *sie ihm* nach wenigen Tagen bereits einen Heiratsantrag machte,
denn Damenwahl war in solchen Fällen bei *royals* üblich. Zwar hatte
sich die junge Königin eigentlich noch etwas Freiheit gewünscht,
ohne Mann und ohne Geburten, doch die Liebe siegte, wenn auch
die Abneigung gegen die ständigen Schwangerschaften blieb – immerhin hatte sie neun Kinder. Dennoch: Als ihr Arzt zu weniger
Geburten riet, fragte sie ihn missmutig, ob man denn keinen Spaß
mehr haben dürfe im Bett. Sie und Albert hatten ihn weiterhin,
und dank des Einsatzes von Chloroform waren die letzten Geburten für sie etwas leichter zu ertragen.
Victoria hatte als Königin ihre Prinzessinnen-Wohnung
Kensington Palace verlassen und war in den Buckingham-Palast
umgezogen, der zwar schon im 18. Jahrhundert in königlichen
Besitz gekommen war, aber von den verschiedenen Georgs aus
Hannover nur als »Zweitwohnsitz« genutzt wurde. Doch Victoria und Albert brauchten ebenfalls »Zweitwohnungen«, in denen
sie fernab von dem Leben am Hof ganz für sich und ganz privat
sein konnten. Einen Rückzugsort fanden sie in Südengland auf der
Isle of Wight, wo Albert auf einem großen Grundstück ein großes Haus für die große Familie im italienischen Stil entwarf. Dort

starb Victoria 1901 in den Armen ihres Enkels, des deutschen Kaisers Wilhelm II. Ein anderer Ferienort ist Schloss Balmoral, etwa 80 Kilometer westlich von Aberdeen in Schottland gelegen, das Victoria und Albert auf einer Reise entdeckten, kauften und weitgehend neu erbauten. Albert wurde an sein heimatliches Coburg erinnert, und Victoria nannte es in ihrem Tagebuch ihr »Paradies in den Highlands«. Damit man sich dem neuen Domizil noch mehr verbunden fühlen konnte, entwarf der Prinz sogar einen speziellen *Balmoral Tartan*, den nur Angehörige der Königsfamilie tragen dürfen beziehungsweise mit besonderer Erlaubnis die *personal pipers*, die Dudelsackpfeifer der Queen. In den Highlands konnten (und können) die *royals* fast so privat und ungezwungen leben wie ihre Untertanen, und dort wurde auch die Hierarchie des Oben und Unten von Herrschern und Dienern ein wenig eingeebnet. Viele Einheimische wurden eingestellt, darunter auch der schottische Bauernsohn John Brown, der nach Alberts Tod Victoria in ihrer Trauer tröstete und beistand. Natürlich führte das zu zahlreichen Gerüchten am Hof und im Volk, und nicht nur das Satiremagazin »*Punch*« sprach von »Mrs. Brown«, obwohl verbriefte Einzelheiten einer möglichen engeren Verbindung nie offiziell bekannt wurden. Für die Königin war Brown wohl vor allem ein treuer, fürsorglicher Freund.

Anders als die früheren königlichen Paare führten Albert und Victoria eine beinahe bürgerlich zu nennende Ehe. Man war fast jeden Tag zusammen, arbeitete und diskutierte, und das meistens auf Deutsch, das auch alle Kinder sprachen. Wenn die deutsche Verwandtschaft einfiel – und die war groß und wurde immer größer –, konnten sich alle in dieser Sprache unterhalten. Aber nicht nur die Sprache, auch manche Sitten und Gebräuche wurden aus deutschen Landen übernommen oder popularisiert. Dies galt besonders für die Gestaltung des Weihnachtsfestes, in dessen Mittelpunkt seit Albert ein farbenfroh geschmückter Tannenbaum steht. Nach dem Tode Alberts verharrte Victoria lange Zeit in Trauer, doch ihren wichtigsten königlichen Pflichten kam sie nach. Dazu gehörte auch die regelmäßige Unterredung mit dem jeweiligen

Premierminister, und wenn diese auf Schloss Windsor stattgefunden hatte, schwangen sich Queen und Premier auf ihre Pferde und ritten im Galopp durch den Park. Es wäre nicht uninteressant, sich vorzustellen, wie derartige Aktivitäten bei Elizabeth II., der jetzigen Monarchin, absolviert würden. Die Königin ist eine exzellente Reiterin, wie sie bei vielen Gelegenheiten unter Beweis stellen konnte. Was ihre Premiers angeht, von denen es immerhin zwölf in ihrer bisherigen Regierungszeit gegeben hat, so sind deren reiterische Qualitäten nicht im Detail bekannt. Abgesehen von Sir Winston Churchill, der trotz seiner stark untertreibenden Begründung für ein langes Leben – *no sports* – in jüngeren Jahren ein ausgezeichneter Reiter und Polospieler war und sicherlich mit der Königin hätte mithalten können, ist eine derartige Fähigkeit für seine Nachfolger nicht unbedingt gesichert. Margaret Thatcher kennt man zwar als Befehlshaberin entschlossen hoch oben auf einem Panzer stehend, nicht aber auf einem Pferde sitzend, und auch John Major oder Gordon Brown dürften neben der Queen kein sonderlich imposantes Bild als Reiter abgegeben haben. Anders

Der Kensington Palace ist Geburtsort von Königin Victoria und wurde von Prinzessin Diana bewohnt.

hingegen der einstige amerikanische Präsident Ronald Reagan! Der erfahrene Darsteller von Westernhelden machte sich gut hoch zu Ross neben der Queen, als beide während eines Staatsbesuchs ausritten. Elizabeth sieht man zu Pferde — unter Sicherheitsaspekten völlig unkorrekt — nie mit einem Helm, sondern nur mit einem Kopftuch, das die Frisur, nicht aber den Schädel schützt.

Für die Königin sind Reiten und der Umgang mit Pferden aber nicht nur die in England übliche Freizeitbeschäftigung der *upper class*, sondern — sofern dieser Ausdruck für die immer gelassen erscheinende Majestät überhaupt passt — eine Leidenschaft. Angeblich soll dafür ihr Großvater Georg V. verantwortlich sein, der der kleinen Lilibet — so der von ihm gefundene Kosename — ein Pony schenkte. Von Stund an lag für die Prinzessin das Glück auf dem Rücken der Pferde, und wenn sie es nur irgendwie einrichten kann, ist sie draußen bei diesen edlen Tieren. In Newmarket hat sie ein eigenes Gestüt, in dem Rennpferde gezüchtet und von ihr nicht selten beim Training beobachtet werden; wie alle bestätigen, die sie näher kennen, ist sie eine ausgewiesene Kennerin in diesem Bereich. Wenn sie die Wahl gehabt hätte, würde sie vielleicht lieber auf dem Lande leben, täglich ausreiten, in Schottland Moorhühner jagen und sich nur dann unter Menschen begeben, wenn große Rennen wie in Ascot anstehen. Kaum jemals sieht man die Queen so spontan begeistert und freudig erregt, als wenn eines ihrer Tiere gewinnt.

>>*Sie erinnern mich fürchterlich an die Queen.*<< —
>>*Das ist ja schrecklich beruhigend!*<<

Eine Person in der Menge zu Elizabeth II.

Bei ihrer Geburt 1926 war nicht zu erwarten, dass sie Königin werden würde, denn noch war sie Dritte in der Thronfolge. Dann aber dankte Eduard VIII. ab, da er unbedingt die geschiedene Amerikanerin Wallis Simpson heiraten wollte, und sein Bruder Albert, Elizabeths Vater, bestieg als Georg VI. den Thron. Seinen beiden Töchtern war er ein liebevoller Vater, auch wenn er ihnen keine

sonderlich anspruchsvolle Erziehung zukommen ließ. Immerhin durfte Elizabeth im Zweiten Weltkrieg in das weibliche Hilfskorps der Armee eintreten, wo sie das Fahren und Reparieren von Autos lernte. 1947 heiratete sie Philip Mountbatten, der wie sie aus dem Hochadel stammt und königliche Verwandte hat; seine Karriere bei der Marine musste er – mit Bedauern – beenden, als seine Frau den Thron bestieg. Sicher ist es auch seiner erheblich volksnäheren Sozialisation zuzuschreiben, dass er nicht immer geneigt ist, in Situationen ein Blatt vor den Mund zu nehmen, in denen die Königin nur huldvoll distanziert zu sein hat. Vielleicht aber nimmt sie auch seine Art von Humor – mit Humor.

Die Königin ist überhaupt eine Frau mit starken Nerven, die gewöhnt ist, immer diszipliniert die Ruhe zu bewahren. 1981 feuerte ein junger Mann, der berühmt werden wollte, während

Links: Die kleine »Lilibet« reitet mit ihrem Onkel, dem
Duke von Gloucester, und Mr. Owen im Park von Windsor Castle, 1935.
Rechts: Königin Victoria, hoch zu Ross, und der Schotte
John Brown, 1863.

ihrer Geburtstagsparade auf Elizabeth; die Königin brachte, im Damensitz reitend, ihr scheuendes Pferd sofort unter Kontrolle. Auch als sie eines Tages beim Erwachen einen Einbrecher an der Bettkante sitzen sah, blieb sie ruhig; nur die Tatsache, dass trotz mehrmaliger Telefonate nicht gleich die Sicherheitskräfte herbeieilten, ließ sie mehr als ungehalten werden! Am wohlsten fühlt sich Elizabeth immer mehr oder minder fernab der Großstadt, das heißt entweder in Windsor Castle oder noch lieber in Balmoral Castle, wo die Königsfamilie wie eine Bürgerfamilie leben kann — abgesehen davon, dass Bürgerliche kaum über so viel Personal verfügen. Möglicherweise zeigt der Film »The Queen«, in dem Helen Mirren die Königin darstellt, in jenen Szenen, die im schottischen Hochland spielen, eine Frau, die der wirklichen Elizabeth nicht gänzlich fernsteht in ihrer Naturverbundenheit und Landliebe. Dort oben in Schottland kann sie ausreiten und ihren Hunden einen weiten Auslauf gönnen. Seit ihrer Kindheit liebt sie Corgis, für viele Hundefreunde allerdings nicht unbedingt die schönsten Exemplare der Spezies. Am Wochenende wird der Land Rover mit all den Zutaten gepackt, die Prinz Philip für ein Picknick mit Grillen braucht, und man fährt ins Grüne, wovon es rings um das Schloss genug gibt. Ist das Wetter schlechter, zieht man sich in eine Hütte zurück, und nach dem Essen sammelt die Queen die Teller ein, streift sich Gummihandschuhe über und wäscht ab — die Frau von Premierminister Wilson half gerne.

Politik war, was ihre offiziellen Vertreter im Parlament und in der Regierung angeht, auch in England wie in den meisten anderen Ländern auf der Welt zunächst Männersache. Erst die Einführung des zunächst noch eingeschränkten Frauenwahlrechts 1918, das 1928 zur völligen Gleichstellung führte, sicherte den Frauen auch politische Macht zu — politischen Einfluss konnten sie freilich zuweilen schon früher haben, wenn es ihre sozialen Verhältnisse und ihre Ehepartner erlaubten. Frauen sind — teilweise sogar heute

Königin Elizabeth II. mit Ehemann Philip
und den Kindern Charles und Anne.

noch – daran gewöhnt, in ursprünglich Männern vorbehaltenen oder von ihnen dominierten Institutionen die Erste und häufig auch die Einzige ihres Geschlechts zu sein. Und so war es fast eine Sensation, als bei der Unterhauswahl 1919 zum ersten Male eine Frau ins Parlament gewählt wurde – die Viscountess Nancy Astor (1879–1964).

Nancy war eigentlich Amerikanerin und hatte den Erben des Astor-Vermögens geheiratet, dessen Vater William Waldorf Astor in England eingebürgert worden war. Da dieser sein riesiges Vermögen in vielen Bereichen karitativ einsetzte, wurde er geadelt. Er bewohnte mit seiner Familie Hever Castle in Kent, jenes Schloss, in dem Heinrich VIII. um Anna Boleyn warb, und Cliveden in Buckinghamshire, das einmal auch dem Herzog von Westminster gehört hatte. Ironischerweise sind die beiden großen Paläste, die Astor, der Hotelunternehmer, seinerzeit erwarb, inzwischen zu Hotels umgewandelt worden.

Nancy hatte ihren Wahlkreis, der vorher der ihres Mannes gewesen war, in Plymouth. Waldorf Astor musste ihn aufgeben, da er nach dem Tod des Vaters ins Oberhaus aufrückte, und nun konnte seine Frau, die vorher für ihn die Kampagne geführt hatte, ihre Energie, ihre Schlagfertigkeit, ihren Witz und ihre Liebenswürdigkeit für sich selbst einsetzen. Ihre Fähigkeit, in Auseinandersetzungen schlagfertig fast immer das letzte Wort zu behalten, ist fast legendär. Einer ihrer liebsten Kontrahenten war Winston Churchill, mit dem sie innerhalb und außerhalb des Parlaments die verbalen Klingen kreuzte. Überliefert, wenn auch nicht gesichert, sind viele Äußerungen; so soll sie Churchill, der klagte, eine Frau im Parlament wäre wie ein Eindringling in sein Badezimmer, vor dem er sich nicht schützen könne, mit den Worten beruhigt haben: So wie er aussähe, würde bei ihm niemand eindringen.

Die Wochenenden verbrachte man meistens auf dem Herrensitz Cliveden, einem Geschenk von Astor senior. Das Anwesen,

Lady Nancy Astor, zwischen Lord Balfour und Lloyd George,
bei ihrer Wahl zur ersten Frau im Parlament, 1919.

DRAWN BY ARTHUR HOPKINS

"It is for you, Mr. Christopher," said Lucy.

hoch über der Themse gelegen, hat eine lange, berühmt-berüch-
tigte Geschichte, die mit dem vergnügungssüchtigen Duke of Bu-
ckingham im 17. Jahrhundert begann und mit der Affäre um den
Verteidigungsminister Profumo, der sich ein Callgirl mit einem
sowjetischen Diplomaten teilte, im 20. Jahrhundert vielleicht
endete – aber da es inzwischen ein Hotel ist, weiß man natürlich
nie, was noch passiert! Man reise aufs Land, um sich sportlich
zu betätigen, die große Bibliothek zu nutzen oder die geistreiche
Plauderei zu pflegen. Morgens traf man sich pünktlich um neun
(egal, wie spät man ins Bett gegangen war) zu einem reichlichen
Frühstück, das auf großen Platten auf der Anrichte bereitstand und
eine köstliche Vielfalt bot: Porridge mit Sahne, gebratene Nieren,
Kedgeree (eine in Indien kreierte Mischung aus gekochtem Reis,
geräuchertem Fisch, gekochten Eiern und Butter), Würstchen, Eier
mit Speck und in der Saison auch Wild – alles natürlich von den

---

Die schicken Damen und sportlichen Herren
beim Tennis in mehr oder weniger geeigneter Kleidung.

eigenen Besitzungen. Und da das Anwesen riesig war, bot es die Möglichkeit für viele Freizeitbelustigungen, denen nach dem üppigen Morgenmahl nachgegangen werden konnte. Besonders beliebt war Tennis, in England meistens auf Rasen gespielt, und bei einem Match konnten gesellschaftliche Beziehungen — am Abend zuvor angeknüpft — im gemischten Doppel intensiviert werden. Natürlich mussten die Ladys auch hier modischen Anforderungen gerecht werden, wobei viele Jahre Aspekte der Eleganz wichtiger erschienen als die sportlicher Praktikabilität, denn man spielte in langen Röcken, was die Beweglichkeit einschränkte. Wer es von den Damen ruhiger wünschte, schaute beim Cricket zu und stärkte sich zwischendurch mit einer Tasse Tee. Wer selbst aktiv werden wollte, spielte vielleicht eine Runde Krocket — nicht sonderlich dynamisch, aber auch für ältere Teilnehmer akzeptabel. Mittags wurde ein Lunch mit mindestens vier Gängen gereicht, und die Zeit bis zum opulenten *afternoon tea* überbrückte man mit einem Schläfchen, um dann fit zu sein für abendliche Lustbarkeiten — erst das Dinner, dann der Tanz. Für die Zofen bedeuteten derartige Tage Schwerstarbeit, da bei fünfmaligem Kleiderwechsel immer aufwendige Reinigungsarbeiten notwendig wurden.

Die mächtigste Politikerin Britanniens nach Elizabeth I. dürfte Margaret Thatcher gewesen sein, deren Bedeutung für ihr Land im 20. Jahrhundert sicherlich mit der von Winston Churchill verglichen werden kann. Im Gegensatz zu ihm schätzte sie das Landleben in keiner Weise — sie war städtisches Leben gewöhnt. Wenn sie nach Balmoral kommen musste, war sie nur widerstrebend zu einer *outdoor tour* bereit. Mit geliehenen Gummistiefeln, den *wellies*, stapfte sie dann auf einer Wanderung des Missvergnügens durchs Hochland. Nach ihrem Ausscheiden aus dem Dienst für Königin und Nation wurde sie zur Baroness Thatcher of Kesteven ernannt, einem Gebiet in Lincolnshire, in dem ihr Geburtsort Grantham liegt — eine kleine Stadt, aber — wichtig für die allem Ländlichen abholde Politikerin — immerhin eine Stadt!

John Lavery, »Sutton Courtenay«, 1917,
The Hugh Lane Gallery, Dublin.

England, das Land der Gärten

und der adeligen Gärtnerinnen

Angeblich waren Eva und die Schlange schuld, dass die Menschen aus dem Garten Eden vertrieben wurden, auch wenn es Adam war, der unzureichend gegen die Angebote seines Weibes protestierte. Eva, traurig über den Verlust Arkadiens und tatkräftig um Ersatz bemüht, war vor allem in England bestrebt, ein neues Gartenparadies zu schaffen. Während vieler Jahrhunderte hatte sich ihre Arbeit auf den häuslichen Bereich konzentriert, irgendwann jedoch gehörte das »Außerhäusliche«, der Garten, auch zu ihren Aufgaben. Sie war gewissermaßen dafür verantwortlich, dass der Garten und seine Gestaltung zu einer Leidenschaft wurden, der bis heute fast alle Bewohner der Insel in unterschiedlicher Weise verfallen sind.

Allerdings war für eine lange Zeit die englische Eva adelig, denn nur Aristokraten hatten die großen Anwesen und die finanziellen Mittel, um einen Garten zu schaffen, der um Quadratmeilen größer und opulenter war als ein Stadtgarten hinter dem Haus oder ein Cottage-Garten zur eigenen Versorgung mit Gemüse und Blumen. Insofern war der insulare Garten Eden in der Vergangenheit ein Paradies, das nur dem Adel offenstand und aus dem Bürgerliche nicht vertrieben werden mussten, weil sie gar nicht erst hineingekommen wären. Der Engel mit dem Flammenschwert konnte sich eine andere Aufgabe suchen!

Viele jener englischen Gärten, die im 17. und 18. Jahrhundert angelegt wurden, existieren noch heute, aber natürlich kaum in ihrer ursprünglichen Gestalt. Denn aus leicht nachvollziehbaren Gründen ist die Gartenbaukunst – denn um eine Kunst handelt es sich – außerordentlich transitorisch. Nahezu alle großen Gartenanlagen sind die repräsentative Erweiterung von Schlössern und Herrenhäusern im ländlichen England, wobei sie durch die Ausdehnung der großen Städte zunehmend in deren Nähe kamen. Ähnlich den großen Kunstsammlungen oder den umfangreichen Bibliotheken trugen auch exquisite Gärten dazu bei, das Ansehen ihrer Besitzer und das Renommee ihrer Gestalter zu mehren – und besonders dann, wenn noch exotische Pflanzen die insulare Botanik bereicherten. Zwar waren die ersten prominenten Gartenarchitekten fast immer Männer, doch nicht selten mussten sie ihre Pläne Auftraggeberinnen vorlegen, deren Vorstellungen sie umzusetzen hatten, denn Mylady nahm natürlich damals noch nicht selbst die Harke in die Hand. Den Damen gefielen besonders solche Anlagen, die hinter Hecken lauschige Plätze boten für abendliche Treffen mit attraktiven Herren, und die männlichen Bewohner eines Schlosses schätzten derartige Annehmlichkeiten ebenfalls für Tête-à-têtes. Insofern muss man sich einen Garten in früheren Jahrhunderten als Kulisse vorstellen nicht nur für eine opulente Prachtentfaltung, sondern auch für ein fröhliches Treiben aller Schlossbewohner. Besonders fröhlich konnte das Treiben werden, wenn man sich in einem *maze*, einem Labyrinth, amüsierte, und nicht ohne Hintergedanken wurde deshalb ein solches in Hampton Court von Königin Maria und ihrem Mann Wilhelm um 1690 für das unterhaltsame Leben am Hofe angelegt. Heimliches Geplauder, lebhafte Flirts, erotische Mehrdeutigkeiten, die eigentlich eindeutig waren – wer in das Labyrinth ging, suchte das sinnlich-pralle Leben. Und wer sich heute im *maze* von Hampton Court verirren möchte, hört dank einer speziellen Installation vielerlei Laute, die an eine lustvolle Vergangenheit erinnern.

War das weibliche Engagement für den Garten anfangs zumeist Hobby und Zeitvertreib, konnte es aber zunehmend zu einer zielgerichteten, nachhaltigen Beschäftigung werden. Ein Beispiel dafür ist das Wirken der Prinzessin Augusta von Sachsen-Gotha-Altenburg, die 1736 Friedrich Ludwig von Hannover, den Prinzen von Wales, heiratete. Mit diesem lebte sie nicht nur in Cliveden, sondern auch in Kew Gardens südlich von London, und nach dessen Tod begann sie, seine Pläne weiterzuführen und aus dem großen Park einen der berühmtesten botanischen Gärten der Welt zu machen. Sie kaufte große Flächen an Ländereien hinzu und schuf mit der Hilfe erfahrener Botaniker die Grundlagen im Sammeln und Vermehren von Pflanzen von allen Kontinenten. Auch engagierte sie mit William Chambers einen erfahrenen Gartenarchitekten, dessen Bauten, darunter die chinesische Pagode von 1762, noch heute zu sehen sind. Die *royals* nach Augusta liebten den Park, und damit das einfache Volk eine ähnliche Liebe entwickeln konnte, übergab Königin Victoria den Garten der Öffentlichkeit; seitdem ist der Royal Botanic Garden Kew auch für Nicht-Botaniker ein interessantes Ziel.

Die Attraktivität von Kew Gardens für sensible Blumenliebhaber wird erkennbar in einem einfühlsamen Text von Virginia

Blick auf das Palmenhaus in Kew Gardens.

47

Woolf, der bedeutendsten englischen Autorin des letzten Jahrhunderts, mit dem sie der Anlage zu literarischer Berühmtheit verhalf. Als sie noch in Richmond wohnte, war der Garten im benachbarten Kew fast täglich ein Ziel für Wanderungen, und so beschrieb sie ihn in fast allen Jahreszeiten. Virginia Woolf war nicht adelig, obwohl sie es — trotz aller anderslautenden politischen Bekundungen — vielleicht gerne gewesen wäre, zumindest aber hatte sie mehrere adelige Freundinnen und genoss deren gastliche Häuser. Eine dieser berühmten Gastgeberinnen war Lady Ottoline Morrell (1873–1938), geborene Cavendish-Bentinck, die Halbschwester des Duke of Portland und eine Cousine von »Queen Mum«. Ottoline war wohlhabend, gastfreundlich, herzlich, gesellig, großzügig, liebebedürftig — und ungemein exzentrisch. Letzteres betraf vor allem ihre Erscheinung, die in jeder Hinsicht ungewöhnlich war. Bereits ihr künftiger Ehemann, der liberale Politiker und Rechtsanwalt Philip Morrell war beeindruckt, als er die sehr schlanke, sehr große, sehr junge Frau, mit langen, im Fahrtwind wehenden roten Haaren und weiß gewandet durch Oxford radeln sah, wo sie am Somerville College Vorlesungen hörte. Auch viele andere Männer erlagen ihrer Attraktivität, und da ihr Mann und sie eine »offene Ehe« führten, störten ihn ihre Liebhaber — von Axel Munthe bis Bertrand Russell, verschiedene Maler nicht gerechnet — kaum. Und sie fühlte sich nur kurzzeitig verletzt, als sie von seinen außerehelichen Kindern erfuhr.

Vielleicht konnte man Ottoline nicht im landläufigen Sinne schön nennen, aber sie war sehr apart, und das unterstrich sie durch eine auffallende, orientalisch wirkende Kleidung, die keiner Mode, sondern nur ihrem Sinn für künstlerische Extravaganz verpflichtet war. Sie trug extrem farbenfrohe Kleider, lange Schals, riesige Hüte und viel Schmuck — ein Outfit, das gute Freunde für originell, weniger gute für grotesk hielten. Vor allem aber drückte sich darin ihre Affinität zu künstlerischer Gestaltung aus, für die sie ein eigenes Betätigungsfeld fand, als sie mit ihrem Mann ein

»Chrysanthemen«, gemalt von James Tissot, 1875.

großes Anwesen in dem kleinen Ort Garsington südöstlich von Oxford erwarb.

Die Familie von Philip Morrell lebte schon seit Generationen in dem Dorf, und die Bewohner freuten sich, als gewissermaßen der »Patron« mit seiner Frau zurückkehrte, die aller Herzen durch ihre freundliche, fürsorgende Art gewann. Und während Ottoline von ihren großstädtischen Freunden nicht selten hämische Bemerkungen wegen ihres flamboyanten Stils hören musste, bewunderten die Menschen in Garsington die Herrin des Herrenhauses für ihre unbefangene Extravaganz. Das Haus selbst war ziemlich heruntergekommen, und der Garten ließ vergangene Pracht nur noch ahnen. Umso größer war die Herausforderung, der sich Ottoline Morrell mit Begeisterung stellte, und die galt erstaunlicherweise zuerst dem Garten — erstaunlich deshalb, weil das Haus kaum bewohnbar war. Aber in einem Garten, dessen Strukturen neu aufgebaut und entwickelt werden mussten, konnte sich ein kreativer Geist sehr viel freier entfalten als in den festgefügten Mauern eines Hauses.

Die Anregung für ihren Garten erhielt Ottoline Morrell bei ihren Reisen nach Italien, vor allem durch Besuche in der Villa Capponi nahe Florenz, die ihrer Tante, einer Schwester des Herzogs von Portland, gehörte. Der Garten jener Villa, deren Entstehung ähnlich zu datieren ist wie die von Garsington, also etwa ins 16. Jahrhundert, zeichnet sich aus durch verschiedene Ebenen, verschiedene Räume, verschiedene Ausblicke und kleine Gewässer, die der Erfrischung dienen können. Auch wenn das Bedürfnis nach Schatten im englischen Klima vielleicht nicht ganz so ausgeprägt war wie unter italienischer Sonne, so übernahm Ottoline doch einige der wesentlichen Strukturelemente wie große, dunkle Eibenhecken, in deren Nischen Statuen oder Bänke für lustwandelnde Gäste gestellt wurden, stufenförmig angelegte Rasenflächen mit weitem Ausblick und verschiedene Teiche, die von einer grundstückseigenen Quelle gespeist wurden. Die Opulenz der Anlage aber verschlang fast das gesamte Vermögen der Morrells — sie mussten das Anwesen 1928 verkaufen.

Die im großen Stil lebende Lady liebte die visuell erfahrbaren Künste, Gemälde und Bildhauerarbeiten, die aus Garsington Manor fast ein Museum machten, und natürlich ihr eigenes modisches Design. Im Gegensatz zu anderen Gartenkünstlerinnen schrieb sie nicht über ihr Wirken. Dies aber tat eine Zeitgenossin, die nicht im großen, aber im internationalen Stil lebende Mary Annette Beauchamp (1866 bis 1941), eine in Australien geborene Engländerin, die später als Gräfin Elizabeth von Arnim außerordentlich erfolgreich über ihr Leben in und mit dem gräflichen Garten in Pommern berichtete. Und damit ihr englisches Publikum gleich wusste, worum es ging, hieß der Titel ihres ersten, 1898 anonym erschienenen Buches »Elizabeth and her German Garden« (»Elizabeth und ihr Garten«). Der Garten am Gut Nassenheide nahe Stettin scheint anders zu sein als die formalen, mit überlegter Struktur geschaffenen Gärten der Insel, und doch erwächst er im wahrsten Sinne des Wortes aus der englischen Leidenschaft für die Gartengestaltung. Die hat Elizabeth von ihrem Vater geerbt und lebt sie trotz etlicher, teilweise widerborstig-unfähiger Gärtner und gegen den Widerstand ihres häufig brummigen Ehemannes aus, weshalb sie diesen — nicht unbedingt zu dessen Freude — als den »Grimmigen« porträtiert.

> *»Wenn du eine englische Herzogin bist,*
> *brauchst du keineswegs gut gekleidet zu sein —*
> *es würde nur als exzentrisch gelten.«*
> Nancy Mitford

Die Heldin ihrer Bücher, die sie Romane nennt, ist Elizabeth, doch eigentlich sind Gärten die Hauptgestalten, und zwar all jene, an die sich die Gräfin erinnert — von dem »Garten der Kindheit« (»The Pious Pilgrimage«), den sie auf einer Art Pilgerfahrt des Erinnerns aufsucht, bis hin zum »Garten der Einsamkeit« (»Einsamer Sommer«, »Solitary Summer«), den sich die Autorin immer wünscht und den sie zu verwirklichen hofft. Insofern sind die sogenannten »Romane«

Gartenbücher ohne Handlungsanweisungen, Beschreibungen von Beeten, Blumen und Sträuchern ohne Pflanzhinweise. Es gibt aber eine Art Lebensratschlag, den Elizabeth von Arnim in einer einfachen Gleichung formuliert: Garten = Glück. Und dieses Glücks war sie als verheiratete Frau dringend bedürftig, denn ihre Ehe hatte nur bedingt ihre Erwartungen erfüllt.

In Australien als Tochter englischer Eltern geboren, zog sie früh mit diesen nach London, wo sie sich relativ frei entfalten konnte. Das angebliche Ziel weiblichen Lebens im 19. Jahrhundert erreichte sie 1891, als sie den preußischen Grafen Henning August von Arnim-Schlagenthin heiratete und mit ihm und einer ständig wachsenden Familie ein standesgemäßes Haus in Berlin führte. Bald aber war das Haus zu groß und das Vermögen zu klein, und man zog auf die gräflichen Besitzungen nach Pommern nahe Stettin, um das ziemlich heruntergekommene Gutshaus – es als Schloss zu bezeichnen wäre eine Übertreibung – samt Ländereien in kultivierenden Besitz zu nehmen. Während der Graf sich um Äcker und Schweine kümmerte, nahm sich die Gräfin des verwilderten Gartens an.

Um von den ökonomischen Schwierigkeiten und dem junkerhaften Gehabe ihres Mannes Abstand zu gewinnen, begann Elizabeth zu schreiben, und da eine preußische Adelige höchstens Benimmbücher verfassen darf, erschien ihr erstes Buch anonym. Es ist auf Anhieb erfolgreich und erlebt in kürzester Zeit 21 Auf-

Linke Seite: Das Landhaus Garsington Manor, im 17. Jahrhundert erbaut, wurde von Lady Ottoline Morrell und ihrem Mann Philip restauriert. Virginia Woolf, Clive Bell, Bertrand Russell und viele mehr waren hier oft zu Gast.

Rechts: Die exzentrische wie liebenswürdige Lady Ottoline Morrell, fotografiert von Baron Adolph de Meyer, 1912.

lagen. Finanzielle und emotionale Nöte scheinen vergessen, denn Schreiben und Gartengestaltung bedeuten Glück und Geld, wie in »*Elizabeth und ihr Garten*« sensibel und ironisch dargestellt. Als adelige Herrin des Hauses ist Elizabeth auch die Herrscherin über Blumen und Beete – zumindest hofft sie das. Doch die Herrschaft über unwillige und starrköpfige Gärtner will ihr nicht recht gelingen. Am liebsten würde sie selbst graben und säen, aber eine derartige, weil unstandesgemäße »Verschrobenheit«, wie sie es nennt, würden ihr die Nachbarn nicht durchgehen lassen, denn eine Dame macht sich nicht die Glacéhandschuhe, geschweige denn die Hände schmutzig. Wichtig ist ihr eine genaue Planung der Gestaltung einzelner Beete: »Ich möchte eine Rabatte ganz in Gelb haben, jede Gelbschattierung: vom feurigsten Orange bis zum Fast-schon-Weiß; vorherrschen soll die Schar kräftig leuchtender Ringelblumen und Kapuzinerkresse.« Der »gelbe Garten« der Gräfin könnte fast ein Vorläufer sein von dem »weißen Garten«, den Vita Sackville-West in Sissinghurst entwarf. Und noch eine andere Erfahrung haben sowohl Elizabeth wie Vita gemacht, auch wenn sie für die Erstere nicht so existenziell war – der Verlust eines Anwesens, das man nicht erben konnte und in das man sich nur noch heimlich hineinschleichen kann.

Was bei Elizabeth der »Garten der Kindheit« ist, das ist bei Vita das »Schloss der Kindheit«. Von allen Aristokratinnen, die Gärten liebten und gestalteten, ist Vita Sackville-West sicherlich die aristokratischste, denn wenn man in einem der größten Schlösser Englands aufwächst, ist Grandeur ein selbstverständlicher Habitus. Von Kindheit an hatte Vita zwei Leidenschaften – das Schreiben und das Schloss, und während sie die erste bis zum Ende ausleben konnte, blieb ihr die andere nach dem Tode des Vaters nur noch als Gefühl des Verlustes, denn als Frau war sie von der Erbfolge ausgeschlossen. Vieles von dem, was sie in ihrem Leben gestaltete, entsprang dem Wunsch, die Ungerechtigkeit, die sie wegen ihres Geschlechts erleiden musste, zu kompensieren. Genau genommen, könnte man für Vita vier Biografien notieren, die alle in irgendeiner Form miteinander verschränkt sind. Da ist einmal die hochadelige Aristokratin, deren Familiengeschichte bis Elizabeth I. zurückreicht. 1892 wird Victoria Mary, genannt Vita, als einziges Kind des 3. Barons Sackville auf Schloss Knole in Kent geboren. Das Anwesen ist für das Mädchen eine Art riesiger Abenteuerspielplatz, der ihr praktisch allein gehört, den sie aber nach dem Tode des Vaters 1928 aufgeben muss. 1913 heiratet sie den jungen Diplomaten Harold Nicolson, den sie auf seinen ersten Karrierestationen begleitet. Wie alle adeligen Landbewohner haben sie natürlich auch ein Londoner Domizil; am Haus 182 Ebury Street im vornehmen Stadtteil Belgravia erinnert eine Plakette an das Ehepaar Nicolson – und am benachbarten Haus an den jungen Mozart. Sie kaufen zuerst Long Barn, ein Haus mit großem Garten nahe Knole, später Sissinghurst Castle, das früher einem Sackville gehörte. Beide Male bemüht sich Vita, ihrer Familie und deren Geschichte nahe zu sein. Erst nach ihrem Tode 1962 wird sie wieder mit ihren adeligen Vorfahren vereint sein – ihre Asche wird in der Grablege der Sackvilles in Withyham beigesetzt. Harold Nicolson und die beiden Söhne hingegen liegen auf dem Kirchhof von Sissinghurst – der Unterschied in der adeligen Hierarchie wird selbst im Tode sichtbar.

>>*Für einen Gärtner
ist nichts frustrierender als ein Gartenschlauch,
der nicht lang genug ist.*<<

Cecil Roberts

Kurz sei auf die zweite Biografie von Vita Sackville-West eingegangen – die eines weiblichen Don Juans, dessen Verführungskünste vor allem dem eigenen Geschlecht gelten. Ihre Affäre mit Violet Trefusis, der Tochter von Alice Keppel, die ihrerseits die Mätresse von Eduard VII. und die Urgroßmutter der zweiten Frau von Prinz Charles war, entwickelt sich zu einem Skandal, der nur mühsam von beiden Ehemännern beigelegt wird. Vitas Sohn Nigel gibt nach ihrem Tode die Aufzeichnungen heraus, in denen sie ihre Liebes-

verstrickungen beschreibt. Die Zahl ihrer Geliebten und geliebten Freundinnen ist groß, denn lange kann sie ihre »Wanderlust«, wie sie es nennt, nicht bezähmen. Virginia Woolf, die auch zu ihren Eroberungen zählt, sublimiert ihre Enttäuschung über Vitas Untreue in dem Roman »*Orlando*«, einem fiktiven Abbild der schönen, zärtlichen und herrischen Geliebten. Da die Nicolsons eine »offene Ehe« führen, in der auch Harold seinen erotischen Interessen beim gleichen Geschlecht nachgehen kann, bleiben beide Partner – zum Erstaunen der Mit- und Nachwelt – einander fast 50 Jahre in Liebe und Verständnis verbunden.

Die dritte Biografie betrifft die Dichterin und Romanautorin Sackville-West, zu der später noch die der Gartenschriftstellerin hinzukommt. Von Kindheit an schreibt Vita – Erzählungen, Romane, Gedichte –, und ihr Ziel ist es, als bedeutende Poetin in die Literaturgeschichte ihres Landes einzugehen. Ihre Dichtung »*The Land*«, eine Verehrung der englischen *countryside*, wird

Oben links: Vita Sackville-West, 1892.
Oben: Vita Sackville-Wests geliebtes Schloss Knole in Kent.

zu einer Art Nationaldichtung, und ihre Romane erreichen hohe
Auflagen. Beide Erfahrungen sind Vita wichtig – die eine für ihr
Selbstbewusstsein, die andere für ihre Finanzen, denn die sind
höchst angespannt, da mit dem Kauf von Sissinghurst Castle in
Sussex die Ausbildung ihrer vierten Biografie beginnt: die der
Gartengestalterin. Auch wenn erst der Garten von Sissinghurst
Vitas Ruhm entstehen ließ, so war sie doch im gärtnerischen Be-
reich ebenfalls von Kindheit an aktiv. Knole hatte verschiedene
Gärten, die das kleine Mädchen liebte und in denen es wild her-
umtobte, weshalb es von dem *head gardener*, den es fürchtete, immer
zur Ordnung gerufen werden musste. Nach ihrer Heirat gestaltete Vita mit Harold einen Garten in Konstantinopel, wo er an der
Botschaft beschäftigt war. Wieder in England, erwarben sie Long
Barn, ein Haus mit weitläufigem Garten in der Nähe von Knole,
mit großer finanzieller Unterstützung von Vitas Mutter Lady Sackville, die liebevoll half, aber auch autoritär Druck ausübte. Dort
erhielten sie Rat und Unterstützung von der damaligen Doyenne
englischer Gartenkunst, Gertrude Jekyll, deren Prinzipien
farbenfroher Pflanzenkombination sie später auch in Sissinghurst

beherzigen sollte. Dann aber suchte man ein neues Haus, da in der Nachbarschaft von Long Barn eine geplante Geflügelfarm die Idylle mit Gegacker und Gestank zu vernichten drohte. Dorothy Wellesley, die Frau des Herzogs von Wellington, hatte die verwunschene Ruine Sissinghurst entdeckt und zeigte sie ihrer Geliebten Vita. Man hätte die Ruine auch als romantischen »Slum« bezeichnen können, denn alles war heruntergekommen und von Müll und Schutt bedeckt. Doch die Nicolsons sehen die Möglichkeiten, die diese Anlage bietet, und das heißt, sie kaufen mehrere verfallene Gebäude, einen Turm aus der Tudorzeit, ein potenzielles Gartenareal und ein großes Farmgelände, das sie verpachten.

Sogleich beginnt man mit der Arbeit – Harold als »Gartenarchitekt«, Vita als »Gartenmalerin«, er zuständig für die Strukturen, sie für die Farben, die Pflanzenwahl, das Bildnerische. Nicht verwunderlich, dass es zuweilen Konflikte gibt zwischen konstruierter Klarheit und kreativem Chaos, doch diese werden immer im Interesse der hortikultürlichen Schönheit gelöst. Und die ständigen finanziellen Engpässe, die Harold die Insolvenz fürchten lassen, sind für Vita zwar lästig, werden aber von ihr mit aristokratischer Lässigkeit behandelt. Wichtig ist weniger das gefüllte Konto als die bunt oder auch einfarbig gefüllten Beete, die violetten Staudenrabatten, die duftenden Rosen, rankend oder am Stamm, die Kräuter im Küchengarten, kulinarische Genüsse verheißend, die das Gesamtkunstwerk Sissinghurst entstehen lassen. Vita hatte genaue Vorstellungen von einem »klassischen« Garten, insofern sie »Gartenräume« erdachte, was gewissermaßen für sie »Gartenträume« bedeutete. Deshalb ist der Garten von Sissinghurst eine Anlage mit vielen »Zimmern«, die zu durchwandern immer neue Eindrücke eröffnet. Und während es zu den Zeiten der Nicolsons eine langsam wachsende Zahl von Besuchern gab, die Vita etwas arrogant »shillings« nannte wegen des zu entrichtenden Eintritts, sind es heute fast 200.000 Menschen im

---

Das restaurierte Sissinghurst, in dessen Garten Harold und Vita ihrer Gartenleidenschaft nachgingen.

Jahr, die einen der schönsten Gärten der Insel besichtigen. Nigel Nicolson, der die unkonventionelle Verbindung seiner Eltern unter dem Titel »*Portrait of a Marriage*« (»*Porträt einer Ehe*«) beschrieb, nannte Sissinghurst ein sehr anschauliches und farbiges Porträt der ungewöhnlichen Ehe von Vita und Harold.

Dieses Kapitel über aristokratische Gartengestalterinnen begann mit einer Prinzessin und endet mit einer Herzogin. Die Duchess of Devonshire, geborene Deborah Mitford, hatte – angeblich – als Kind erklärt, sie wolle Herzogin werden, doch seltsame Übertreibungen und merkwürdige Späße waren unter den sechs begabten und fantasievollen Mitford-Schwestern üblich. Insofern war eine Realisierung des kindlichen Wunsches kaum abzusehen, als sie Andrew Cavendish, den jüngsten Sohn des 10. Herzogs von Devonshire, 1941 heiratete. Der ältere Bruder und Erbe aber, verheiratet mit einer Schwester des späteren US-Präsidenten John F. Kennedy, fiel im Krieg, und so sah sich das Ehepaar Cavendish 1950 nach dem Tode des 10. Herzogs mit riesigen Besitzungen und einer ebenso riesigen Erbschaftssteuer in Höhe von 80 Prozent konfrontiert. Da ist es natürlich gut, wenn man Bilder von Holbein und Rembrandt an den Wänden und Schlösser in der Nachbarschaft hat, die dem Fiskus zur Begleichung der Schulden überantwortet werden können. Das stattlichste und attraktivste Schloss jedoch blieb im Besitz der Devonshires – Chatsworth House im mittelenglischen Derbyshire.

Als Deborah und ihr Mann das Anwesen übernahmen, war es, zurückhaltend formuliert, heruntergekommen und extrem renovierungsbedürftig, und das betraf Haus wie Garten. In ihren nur auf Englisch erschienenen Memoiren »*Wait for me*« (in Anspielung auf ihr kindliches Rufen nach dem Vater) schreibt sie, dass ihr Mann alle *häuslichen* Entscheidungen ihr überlassen habe, und damit auch die Gestaltung des Gartens. Im Haus waren Elektrik und Sanitär zu modernisieren, was beispielsweise den Einbau von

Deborah, Duchess von Devonshire,
beim Füttern ihrer geliebten Hühner.

17 Bädern bedeutete, aber schließlich waren immer viele Gäste unterzubringen von Onkel Harold (Macmillan, Premierminister 1957–1963) bis zu Prinz Charles. Wenn bisher von großen Gärten geschrieben wurde, so sind fast alle (Kew Gardens ausgenommen) in ihren Ausmaßen nur größere Cottage-Gärten im Vergleich zu Chatsworth, denn Garten und Park umfassen 42 Hektar und benötigen zur Unterhaltung ein großes Team an Gärtnerinnen und Gärtnern. Deshalb geht es bei der Gestaltung auch nicht um einzelne Beete oder schlanke Rabatten, sondern um weite Alleen, ausgedehnte Seen, hohe Fontänen, kilometerlange Hecken und einen sprudelnden Wasserfall. Und überall gibt es Statuen, mal mehr oder mal weniger versteckt, aus Stein gemeißelte griechische Götter oder römische Helden.

Die Ernte des Küchengartens könnte ein Regiment verpfle-

Eine von vielen beeindruckenden Steinstatuen
im Garten von Chatsworth.

gen, in Treibhäusern werden genug Früchte aller Art gezogen, um täglich einen Markt zu beschicken, in Gewächshäusern sieht man edle Blumen wie Kamelien, die auch bei Wettbewerben der Royal Horticultural Society ausgestellt werden, und dabei ist das riesige Farmgelände noch nicht berücksichtigt. Was aber in früheren Jahrzehnten oder Jahrhunderten nur der aristokratischen Familie und deren täglichem Konsum einmal mit, einmal ohne Gäste vorbehalten war, dient nun zwar immer noch Gästen, aber jetzt sind es zahlende Touristen, die in Restaurants und Shops die Köstlichkeiten genießen können.

Deborah Devonshire — sie starb hochbetagt 2014 — kam aus einer adeligen, aber nicht vergleichbar reichen Familie, und so war sie schon von Kindheit an gewöhnt, für ihr Taschengeld selbst zu sorgen. Im elterlichen Haus in Asthall und später in Swinbrook sorgte sie für eine Hühnerschar, deren Eier sie an ihre Mutter verkaufte. Und was sie in kleinem Maßstab als kleines Mädchen lernte, nutzte sie als Herzogin, die nicht mehr nur Eier, sondern die Erträge des Chatsworth Estate im *farmshop* verkaufte, um Einnahmen für den Unterhalt des Hauses zu generieren. »Debo«, wie sie von vielen genannt wurde, musste nach dem Tode ihres Mannes Chatsworth der Familie ihres Sohnes, dem Erben, überlassen und den »*Witwensitz*« beziehen. Die 1920 Geborene war eine gefragte Zeitzeugin als letzte Überlebende der berühmt-berüchtigten Mitford-Schwestern, da sie viele Protagonisten aus Politik und Kultur der letzten 70 Jahre persönlich kannte — von Churchill über Hitler bis Kennedy. Wie die meisten ihrer Schwestern schrieb auch sie und fütterte — nicht nur für den Fotografen — mit großem Vergnügen ihre Hühnerschar.

Das stattliche Schloss Chatsworth
und seine riesigen Parkanlagen.

Vita Sackville-Wests Schreibzimmer
im Turm von Sissinghurst Castle.

Literatur als weibliche Domäne

Romane und Gedichte aus adeliger Feder

Manche Eltern kann man beneiden und bedauern zugleich: beneiden, weil sie eine große Zahl schöner, intelligenter, kreativer, origineller und witziger Kinder haben, und bedauern, weil Intelligenz und Unkonventionalität ebendieser Kinder nicht immer leicht zu ertragen sind. Das Ehepaar Freeman-Mitford, später Lord und Lady Redesdale, waren solche Eltern. Sie hatten sechs Töchter, eine schöner und wilder als die andere, und einen Sohn, der natürlich von allen adoriert wurde. Von Lady Mitford wird die Sorge überliefert, sie habe sich immer gefragt, wenn sie in einer Zeitung las: »Tochter eines Peers in Schwierigkeiten«, welches ihrer Mädchen wieder was angestellt hätte. Und da gab es fortwährend etliche Möglichkeiten, denn außer Pamela, die sich vor allem für Hühnerzucht und Haushalt interessierte und deren Liebesleben kaum an die Öffentlichkeit drang, und Deborah, der braven Jüngsten, waren die anderen Mitglieder der *girl group* immer für mehr oder minder schockierende Aktivitäten gut. Diana verließ ihren Ehemann Bryan Guinness, den Bier-Erben, wegen des Faschistenführers Oswald Mosley; Unity trug ständig das Hakenkreuz am Revers, war eine enge Freundin Hitlers und Gast auf Reichsparteitagen; Jessica schließlich schmückte sich mit den

Die Kirche in Jane Austens Geburtsort Steventon.

Symbolen Hammer und Sichel, floh mit einem Neffen Churchills nach Spanien, um im Bürgerkrieg zu kämpfen, und trat in die kommunistische Partei ein. Nur Deborah wandelte auf traditionellen adeligen Pfaden und wurde Herzogin von Devonshire. Allerdings wird kolportiert, dass ihr Ehemann Andrew häufig einen Pullover trug mit der Aufschrift: »Never marry a Mitford girl« – wer weiß, warum.

Was aber die *Mitford sisters* auch heute noch so interessant macht, ist die Tatsache, dass sie prominent im politischen und künstlerischen Leben ihrer Zeit agierten, dass sie weniger mit Gott, wohl aber mit aller Welt bekannt waren und dass sie, bis auf Pamela und Unity, alle über ihre Erlebnisse, Erfahrungen und Begegnungen schrieben – von Biografien bis zu Romanen, von journalistischen Polemiken bis zu Memoiren, von Büchern über englische Schlösser und Gärten bis zu Werken über amerikanische Friedhöfe und Begräbnisrituale. Und sie leben nicht nur in zahlreichen Biografien und Erinnerungen weiter, sondern über sie wurden Schlager komponiert, es gab eine TV-Serie der BBC, und sie wurden sogar zu Hauptpersonen in einem Musical, dessen Uraufführung 1981 in London stattfand. Wenn man es – zumindest für Großbritannien – genauer betrachtet, kann man fast von einer »Mitford-Industrie« sprechen.

Eigentlich war die Familie wohlhabend, und sie wäre es geblieben, wenn der Vater nicht drei Hobbys gehabt hätte: Gold ohne Erfolg in Kanada zu schürfen, Häuser zu bauen, wenn das Bauen teuer war, und sie zu verkaufen, wenn die Preise fielen. Nancy, die älteste Tochter, 1904 geboren und künftige Erfolgsschriftstellerin, machte daraus eine autobiografische Notiz, die zwar witzig, aber wenig wahrhaftig war: »Mein Vater war der zweite Sohn eines englischen Peers, meine Mutter war eine Schönheit. In England bekommen nachgeborene Söhne kein Geld, und so wurde ich in einem armen Londoner Slum geboren. Da mein Vater unbedingt

Die berühmten Mitford-Schwestern.
Im Uhrzeigersinn von links unten: Nancy, Unity, Jessica, Diana, 1939.

sieben Bluthunde und ein Pony zum Reiten für mich halten wollte, herrschte ein ziemliches Gedränge.« Dieses Pony, so will es die
Familienhistorie, transportierte der Vater im normalen Eisen-
bahnabteil nach Hause, während Pamela im Gepäcknetz sitzen
musste. Vom Vater nämlich dürften die Töchter ihre Neigung
zu exzentrischen Aktionen geerbt haben! So gehörte es auch zur
Familiensaga, dass der Vater Wert darauf legte, nur ein Buch in
seinem Leben gelesen zu haben — dieses aber immer wieder, da es so
gut sei und damit ausreichend. Doch der Stolz auf seine kreativen
Töchter ließ ihn auch deren Bücher lesen, und er nahm die über-
spitzten Schilderungen seiner Person in Nancys Romanen durchaus mit Humor.

Der Pub »The Swan Inn« in Swinbrook,
der Deborah Devonshire gehört.

Die größten Familienbesitzungen lagen in Oxfordshire, nahe Burford, dem idyllischen Städtchen in den Cotswolds, und so wuchsen die Kinder zuerst in dem anheimelnden Manor House in Asthall und später im benachbarten Swinbrook auf. Asthall Manor, abseits großer Straßen gelegen und nur über eine *single track road* zu erreichen, ist auch heute noch romantisch und verträumt. Man kann verstehen, dass die Kinder wütend auf ihren Vater waren, als sie in den viel kälteren Neubau ins benachbarte Swinbrook (Nancy nannte es »Swine Brook«) umziehen mussten. Wie es sich aber gehörte, hatte die Familie natürlich auch ein Haus in London! 26 Rutland Gate im vornehmen Stadtteil Kensington wurde für Festivitäten in der Saison genutzt, beispielsweise wenn die Töchter als Debütantinnen bei Hofe eingeführt wurden, aber man vermietete auch, wenn es finanzielle Engpässe gab. Heute hätten die Mitfords ausgesorgt – Häuser in Rutland Gate sind kaum unter 40 Millionen Pfund zu bekommen, wie Makler verkünden. Wer sich auf die Spurensuche begeben möchte, kann dies am einfachsten in Swinbrook tun. Im Gastro-Pub *The Swan Inn* sind die Wände der Galäume mit Bildern der Schwestern geradezu tapeziert, und selbst auf der Toilette entgeht man ihnen nicht; zum Abschluss kann der Literaturtourist in *Debo's Room* nächtigen – der *Swan* gehört nämlich Deborah Devonshire. Wenn man durch das Dorf wandert und dabei die idyllische Ländlichkeit auf sich wirken lässt, kommt man zur Kirche und zum Friedhof, auf dem inzwischen fast alle Angehörigen der Mitford-Familie liegen: die Eltern und vier Töchter.

Alle *Mitford girls* waren wegen ihrer Schönheit berühmt und einige wegen ihrer zu politischen Extremen neigenden Umtriebigkeit berüchtigt, genauer: Diana und Unity waren »Hitler-Groupies«, während Jessica gerne mit Hammer und Sichel hantierte. Diana wird auf einem ihrer Buchcover als »the most glamorous Mitford sister« angekündigt, und da sind sogar ihre sonst so überkritischen Schwestern dieser Meinung. Auch sie schrieb ihre Erinnerungen und nannte diese – nicht ohne Grund – »A Life of Contrasts«, denn kontrastreich war ihr Leben. Geboren 1910, feierte

Links: Unity Mitford, vermutlich in den 1930er Jahren.

Rechte Seite: In Asthall verbrachten die Mitford-Schwestern einen Teil ihrer Kindheit.

sie 19-jährig die »Hochzeit des Jahres« mit Bryan Guinness, dem Erben des irischen Bierimperiums, drei Jahre danach wurde sie die Geliebte des verheirateten Schürzenjägers Sir Oswald Mosley, den sie später in Berlin ehelichen wird. Ihr erster Mann führte sie in die literarisch-künstlerischen Gesellschaftskreise ein, ihr zweiter in die politischen; mit dem Schreiben begann sie erst nach dem Krieg – Journalistisches, Biografisches und Rezensionen.

Erstaunlicherweise waren Jessica, die Kommunistin, und Unity, die Nazi-Sympathisantin, trotz allem besonders eng miteinander verbunden. Sie teilten sich ein Zimmer, jedoch mit genauer Grenzziehung: auf der einen Seite Bilder von Marx, auf der anderen solche von Hitler. Unity hatte zu Beginn des Krieges aus Verzweiflung darüber, dass England und Deutschland zu Gegnern geworden waren, einen Selbstmordversuch unternommen; dessen Folgen machten aus der jungen, attraktiven Frau wieder ein unelegantes Kind mit merkwürdigem Benehmen und führten 1948 zu ihrem frühen Tode. Jessica (1917 geboren) war in die USA ausgewandert und engagierte sich dort für die Bürgerrechtsbewegung; zugleich machte sie Karriere als Journalistin, die sich mit ihren Büchern den Beinamen »Queen of the Muckrakers« verdiente, wobei *muckraker* – je nach Perspektive – Enthüllungs- oder Skandaljournalist heißen kann. Am berühmtesten wurde ihre Beschrei-

THE QUEEN

THE · LADY'S · NEWSPAPER · AND · COURT · CHRONIC

MR. RANDOLPH CHURCHILL WITH MRS. BRIAN GUINNESS AT EPSOM
ON DERBY DAY

bung amerikanischer Begräbnisriten und deren Ausbeutung durch eine geldgierige und skrupellose Beerdigungsindustrie in dem Band »The American Way of Death« (»Der Tod als Geschäft«). Sie war richtig stolz, als eine Firma einen einfachen und billigen Sarg entwickelte und ihn unter der Bezeichnung *Jessica Mitford Casket* auf den Markt brachte.

Natürlich schrieb Jessica, in der Familie »Decca« genannt, ebenfalls ihre Autobiografie, und das Bild des kleinen Mädchens auf dem Cover, das mit verschränkten Armen den Betrachter energisch und abweisend-skeptisch anblickt, lässt die Willensstärke der künftigen Autorin ahnen. Bezeichnenderweise heißen ihre Memoiren »Hons and Rebels«, wobei *hons* einer der vielen Spitznamen der Mädchen untereinander war, die sich in ihrer Kindheit als *Hons in the Cupboard* zurückzogen. Die deutsche Übersetzung »Hunnen und Rebellen« bezieht die Vorurteile des Vaters gegen die Deutschen, die »Hunnen«, mit ein; Jessica jedoch hätte seinerzeit lieber den Titel »Red sheep« gehabt. Trotz aller Rebellion aber wird die enge Verbundenheit mit der Familie, vor allem mit den Schwestern deutlich, und ungeachtet allen kommunistischen Engagements, bleibt durchaus ein aristokratischer Habitus erkennbar. Auch wenn sie sich am weitesten von ihrer Herkunft entfernt zu haben scheint — recht eigentlich ist diese Distanz vor allem eine, die sich an Meilen und nicht an Gefühlen und Erinnerungen messen lässt. Indes hat die familiäre Zuneigung sie nicht daran gehindert, im Krieg in einem Schreiben an die Londoner Regierung für eine lange Inhaftierung ihrer Schwester Diana zu plädieren, die angeblich gefährlicher wäre als ihr Ehemann Mosley. Winston Churchill erfüllte diese Forderung nicht. Er hörte auch nicht auf Nancy, die andere Schwester, von der ein ähnliches Schreiben an das Innenministerium gerichtet wurde. Die charmante, witzige, kreative Nancy nämlich konnte auch sehr sarkastisch, ja fast verletzend werden

---

Mr. Randolph Churchill, Sohn von Winston Churchill,
mit Mrs. Bryan Guinness, frühere Miss Diana Mitford, auf dem Cover
des Magazins »The Queen«, 1932.

zum Schrecken ihrer Geschwister und ihrer Freunde. Aber auch sie wurde vielfach verletzt, denn leicht war ihr Leben nicht, auch wenn es zuweilen glücklich zu sein schien.

Als ältestes von sieben Kindern war Nancy das übliche Schicksal beschieden – anfangs verwöhntes Einzelkind, dann nur noch eines unter vielen, die alle eine sehr distanzierte Mutter erleben, teilweise sogar erleiden mussten. Als eine Art »Kontrastprogramm« agierte der Vater, der jähzornig, launisch war, aber auch gutmütig und voller Liebe für seine Kinder. Anders als der Sohn erfuhren die Töchter keine formale Bildung, stattdessen war die große Bibliothek vor allem für Nancy ein Rückzugsort, um in die Tröstungen der Literatur zu flüchten. Das Lebensziel für sehr viele Mädchen damals war nicht ein erfolgreicher Abschluss der Schule, sondern der des Junggesellinnendaseins, wobei der Erfolg sich mehr an gesellschaftlicher Akzeptanz des potenziellen Ehemanns und weniger an persönlichem Glück bemaß. Erst war Nancy viele Jahre mit einem charmanten, homosexuellen Schotten

Die Schriftstellerin Nancy Mitford, 1960.

78

verlobt, ohne die Realität sehen zu wollen, dann heiratete sie 1933 den ebenfalls charmanten Womanizer Peter Rodd, der sich weder um Einkünfte noch um eheliche Treue kümmerte. Dieser soll später angeblich gesagt haben, er hätte mehreren Frauen Anträge gemacht, aber Nancy wäre so töricht gewesen anzunehmen. Sie war aber nicht so töricht, ihren Fehler nicht zu erkennen, und so lebten sie bald getrennt, wurden aber erst 1957 geschieden. Merkwürdigerweise findet sich auf Nancys Grabstein immer noch der Hinweis, sie sei die Ehefrau von Rodd. Auch wenn die Hoffnung auf eheliches Glück eine Weile anhielt, so war Nancy doch klarsichtig genug, um diese Hoffnung bald nur noch ironisch zu würdigen. In einem ihrer ersten Romane (»*Christmas Pudding*«) stellt die Heldin nüchtern fest, die bloße Tatsache, jemanden zu lieben, sei ein guter Grund, ihn nicht zu heiraten.

> *»Ein englischer Lord heiratet aus Liebe*
> *und neigt häufig dazu,*
> *die Liebe nahe dem Geld zu finden.«*
>
> Nancy Mitford

Ein guter Grund, Bücher zu schreiben, war aber, mit einem immer wieder arbeitslosen Mann verheiratet zu sein und für den Unterhalt sorgen zu müssen. Und so gebrauchte Nancy ihr Talent, das sie schon zu ihrer einsamen Unterhaltung genutzt hatte, als sie noch in Swinbrook lebte. Anders als Virginia Woolf forderte sie nicht ein Zimmer für sich allein, sondern ihre Schwester Jessica berichtet, wie Nancy im Wohnzimmer saß und, vergnügt kichernd, ihre Texte in ein Schulheft schrieb. Von Beginn an hatte sie vor allem ein Thema, das sie mit Scherz, Satire und Ironie behandelte: ihre Familie, ihre Verwandtschaft und ihre Freunde. Doch nicht alle waren immer uneingeschränkt begeistert, von Nancy in fiktiver, aber deutlich erkennbarer Gestalt dem Publikum präsentiert zu werden. Vor allem ihr Roman »*Wigs on the Green*« (»*Landpartie mit drei Damen*«), 1935 zuerst erschienen, in dem sie sich über politische Aktivisten lustig macht, als deren Vorbilder Oswald Mosley und seine Gefolgsleute unschwer zu erkennen sind, brachte ihr heftigen Ärger mit ihren Schwestern Diana und Unity ein. Nach dem Krieg verweigerte sie eine Neuauflage, da die Gräueltaten der Nazis eine satirische Darstellung nicht erlaubten. Erst vor Kurzem erschien dieser Roman wieder in England und auch in deutscher Übersetzung.

Waren Nancys Romane vor dem Krieg eher lockere Skizzen des aristokratischen Lebens in der »Zwischenkriegszeit«, ein amüsantes und amüsiertes Plaudern über die tonangebenden jungen Leute, die *bright young things*, so wurden ihre Werke nach dem Krieg zwar nicht ernster, aber literarischer. Ihr Thema blieb einerseits das gleiche – die Irrungen und Wirrungen einer exzentrischen Aristokratenfamilie, wobei sie Vater und Mutter Mitford in Onkel Matthew und Tante Sadie verwandelte, deren skurrile Verhaltensweisen aber kaum kaschiert erschienen. Andererseits verweist der Titel des 1945 erschienenen Bandes »*The Pursuit of Love*« (»*Englische Liebschaften*«) aber auf das, was für Nancy nun wichtig ist – die große Liebe ihres Lebens zu einem Franzosen. Im Krieg lernte sie Gaston Palewski kennen, der mit de Gaulle nach London gekommen war und dem sie später nach Paris folgte, wo sie bis zum Ende ihres Lebens wohnte. Palewski aber, untreu aus Gewohnheit, heiratete nicht sie, sondern eine andere Frau – Nancy blieb nur, abermals Haltung zu bewahren.

Durch den Erfolg ihrer Bücher waren zumindest ihre finanziellen Sorgen behoben, und regelmäßige Besuche bei Dior gehörten fortan zum Lebensstil. Als sie meinte, ihr Romanrepertoire erschöpft zu haben, begann sie, Biografien bedeutender historischer Persönlichkeiten zu verfassen – von Friedrich dem Großen bis Madame Pompadour. Doch ihre wahre Leistung für die Historie sind die Beschreibungen der englischen Aristokratie, deren ironischer Duktus nicht über ihre Ernsthaftigkeit, vor allem aber auch über

---

Das Cover der Erstausgabe »The Women's Land Army«
von Vita Sackville-West, 1944.

THE WOMEN'S LAND ARMY

ACKVILLE-
EST

ustrations

blished under the
pices of
E MINISTRY OF
RICULTURE
D FISHERIES

ihre amüsante Anschaulichkeit hinwegtäuschen darf. Selbst in ihren letzten Lebensjahren, gequält von grauenvollen Schmerzen, behielt sie ihren Witz gewissermaßen als Schutz nach außen. Ihre Schwestern standen ihr bei, als sie 1973 starb. Beigesetzt wurde ihre Asche als Ausdruck familiärer Verbundenheit auf dem Kirchhof von Swinbrook. Diese Verbundenheit zeigt auch der Grabstein; auf ihm ist ein Maulwurf zu sehen, das Wappentier der Mitfords.

Die Aristokratin Vita Sackville-West ist im Gegensatz zu ihren Wünschen und Hoffnungen nicht als gärtnernde Dichterin, sondern als dichtende Gärtnerin in die Kulturgeschichte Englands, wenn nicht gar Europas eingegangen, doch haben einige ihrer literarischen Werke überlebt. Ihre Romane waren nicht nur zu ihren Lebzeiten Bestseller, sondern sie sind auch heute noch interessant zu lesen, und dies vor allem deswegen, weil hier eine Lady aus der Hocharistokratie sehr einfühlsam und sehr erfahren über ihre Welt schreibt. Während sie in dem historiografischen Werk »*Knole and the Sackvilles*« mit sachlicher Anteilnahme die Geschichte ihrer Familie darstellt, beschreibt sie das gesellschaftliche Leben von Schlossbewohnern zwar fiktional, aber mit realen Bezügen in dem Roman »*The Edwardians*« (»*Schloss Chevron*«). Besonders interessant, weil heutzutage nicht unbedingt mehr geübte Praxis, sind die Informationen über die verantwortungsvollen, weil Liebesglück befördernden Aufgaben der Schlossherrin bei den Landpartien am Wochenende. Denn die Gäste mussten komfortabel untergebracht werden, was bedeutete, dass sie nächtens ihren lustvollen Vergnügungen unauffällig nachgehen konnten, wie die Gastgeberin überlegte. »Es war so notwendig, taktvoll und dabei zugleich diskret zu sein. Der Don Juan von Beruf würde wütend sein, wenn er sich in einem Zimmer fände, umgeben von Damen, alle in Begleitung ihrer Ehemänner.« Und deshalb war es wichtig, alle Zimmer mit Namensschildern zu versehen, damit bei nächtlichen Unternehmungen nicht die falschen Türen geöffnet werden.

Doch für Vita Sackville-West sind gesellschaftliche Lustbarkeiten als Tätigkeitsfeld adeliger Damen weniger wichtig als soziale Entwicklungen ebendieser Ladys. Zwar ist sie keine Feministin, weshalb sie auch an manchen Werken Virginia Woolfs den – wie sie meint – übertriebenen feministischen Aspekt kritisiert, doch die Selbstständigkeit der Frau, die aus der Abhängigkeit vom Mann befreit, ist für sie fundamental. Eine solche Autonomie lebt sie auch in ihrer Ehe und in ihrer aufs Ländliche konzentrierten Existenz. Während ihr Mann Harold Nicolson den größten Teil seiner Zeit in London verbringt, zieht sich Vita immer stärker in ihr fast eremitenhaftes Leben in Sissinghurst zurück. Und ihre Freundin Virginia Woolf kommentiert dies etwas bissig in ihrem Tagebuch: »... sie ist sehr dick geworden, sehr die träge Dame der Grafschaft, ins Kraut geschossen, [...] entflammt sich nur für Hunde, Blumen & neue Gebäude.« (11. März 1935) Was aber die Londonerin Woolf völlig übersieht, ist die Verantwortung, die Vita als Landedelfrau für ihr Anwesen, ja sogar für England zu tragen hat. Und so würde es sie vielleicht sogar mit Verwunderung erfüllen, wenn sie das Buch lesen würde, das Vita 1944 (also drei Jahre nach dem Tode der Freundin) veröffentlicht und der Königin widmet. »The Women's Land Army« beschreibt die Anforderungen des Landlebens an junge Frauen im Kriege. Hier werden all jene Aufgaben genannt, die Aristokratinnen wie Bürgerliche auf dem Lande wahrnehmen, um der Nation das Überleben zu sichern. Unabhängig vom sozialen Status, muss das *land girl* melken, heuen, ernten und dabei weder Wind noch Wetter scheuen; es wird in den Dienst genommen wie ein Soldat, auch wenn dieser Dienst in der Regel nur anstrengend, aber relativ ungefährlich ist. Vita Sackville-West lässt erkennen, dass ihr zum einen manches davon nicht fremd ist, dass sie zum anderen die Tätigkeit der jungen Frauen mit weiblicher Solidarität und Anteilnahme betrachtet – selbst Modefragen wie die richtige (und vor allem kleidsame) Kopfbedeckung werden nicht ausgespart. Im Kontext des ländlichen Lebens der aristokratischen Ladys ist die *Women's Land Army* eine interessante Facette.

Nicht für den ländlich-militärischen Bereich stellt Sackville-West die Selbstständigkeit einer Frau dar. Lady Slane, die Protagonistin im Roman »*All Passion Spent*« (»*Erloschenes Feuer*«) ist 88, gerade verwitwet und endlich auf dem Weg zu sich selbst. Zwar hatte sie

ein gutes Leben, verkehrte in den höchsten Kreisen, wurde von ihrem Mann verwöhnt – doch sie war nur dessen »Anhängsel«. Nun emanzipiert sie sich von den Kindern, der Verwandtschaft, dem alten Leben, denn sie will das Alter, *ihr* Alter genießen und frei sein von jenen Zwängen, die ihre Existenz bestimmten. Das Vermächtnis eines Kunstsammlers, den sie zu den Freunden in ihrem neuen Leben zählt, ist dabei insofern hilfreich, als sie es verschenkt und damit ihrer Enkeltochter, so widersprüchlich es klingt, ein Leben jenseits gesellschaftlicher Zwänge ermöglicht. Vielleicht hat Vita Sackville-West hier ihre Mutter im Auge gehabt, allerdings behielt diese das Erbe von einem – mindestens guten – Freund, denn es

Vitas Arbeitszimmer im Turm von Sissinghurst,
»The Book Room«, Gemälde von Annie Harris.

machte sie finanziell völlig unabhängig. Lady Sackville gerierte sich verschwenderisch und geizig zugleich; sie gab ihr Vermögen mit vollen Händen aus, vor allem für Tochter und Schwiegersohn, da dieser kaum über finanzielle Mittel verfügte. Zur selben Zeit aber nutzte sie sogar Toilettenpapier aus der Damentoilette von Harrods als Notizzettel. Der Autor eines Buches über englische Exzentriker reiht Lady Sackville in die Gruppe der *inhericentrics* ein, zu denen er auch den Vater der Mitford-Schwestern und den der Geschwister Sitwell zählt.

Sir George Sitwell, 4. Baronet of Renishaw Hall, lebte mit seiner Familie in einem Herrenhaus in Derbyshire, unweit von Chatsworth. Dieser hielt sich selbst für einen Schriftsteller, und er hatte sieben Arbeitszimmer in Benutzung, in denen er abwechselnd schrieb, ohne jedoch jemals etwas zu veröffentlichen. Um beim Blick aus dem Fenster etwas Interessantes zu sehen, ließ er auf die davor grasenden weißen Kühe blaue Muster malen, die Chinoiserien nachgebildet waren. Eine gewisse Exzentrik, wenn auch viel unerfreulicher, ließ er auch gegenüber seinen Kindern walten; besonders seine Tochter Edith hatte darunter zu leiden. Edith Louisa Sitwell, 1887 in Scarborough geboren, erfüllte zum einen nicht die Wünsche der Eltern nach einem Stammhalter, zum anderen entsprach sie weder im Aussehen noch im Verhalten jenen Erwartungen, wenn nicht gar Anforderungen, denen ein junges Mädchen gerecht werden musste, wollte sie in der Gesellschaft akzeptiert werden. Nur dank einer Gouvernante und der engen Gemeinschaft mit den jüngeren Brüdern Osbert und Sacheverell gelang es Edith wenigstens teilweise, den Schmerz über die Lieblosigkeit und brutale Missachtung ihrer Eltern zu überwinden; »war ich doch in Ungnade, weil ich ein Mädchen war«, schrieb sie später. Ihre eitle Mutter wollte eine eitle Tochter, der ihr Äußeres wichtiger war als der Intellekt, ihr bornierter Vater glaubte, körperliche Probleme – Edith war 1,83 Meter groß und neigte zur Rückgratverkrümmung – durch ein eisernes Korsett beheben zu können. Ihre Kindheit muss grauenhaft gewesen sein, jedenfalls sagte das Edith Sitwell noch im hohen Alter in einem Interview. Doch end-

lich kann sie sich, inzwischen Mitte 20, aus der Familie lösen, und sie zieht mit ihrer Gouvernante nach London, wo sie in Bayswater nördlich der Kensington Gardens in ärmlichen Verhältnissen lebt, ohne große Unterstützung durch die wohlhabenden Eltern. Aber das hindert sie nicht, die wesentlichen Ziele ihres Lebens energisch zu verfolgen: zu schreiben, zu dichten, künstlerisch tätig zu sein und sich mit Künstlern – seien es Maler, seien es Literaten – in stetem Austausch zu befinden.

Zu ihren Freunden, Bekannten oder Vertrauten gehören Mitglieder der Bloomsbury Group um Virginia Woolf, mit der Edith

Edith Sitwell, 1956.

eine freundlich-distanzierte Beziehung unterhält, die auch Bewunderung zulässt. Woolf notiert im Tagebuch nach einem Abendessen mit den Sitwells: »Edith ist eine alte Jungfer. […] ich denke, dass sie ein wenig umständlich ist, sehr gütig und wundervolle Umgangsformen besitzt. […] Im Unterschied zu den meisten anderen besitzt sie ein sehr feines Gehör; eine Ader für Satire & eine innere Schönheit.« Sitwell war von den Woolfs nicht so sehr angetan, aber da sie in deren Verlag, der Hogarth Press, veröffentlichen wollte, blieb sie freundlich. Vielleicht hätte sie es sogar amüsiert, wenn sie gewusst hätte, dass Virginia Woolf sie in Briefen an Vita Sackville-West nutzte, um den weiblichen Don Juan einmal ihrerseits eifersüchtig zu machen. Vita wiederum war obendrein in ihrem lyrischen Schaffen eine Konkurrentin von Edith Sitwell, die sich mehrfach spöttisch über Vitas Hauptwerk, die Dichtung »The Land«, äußerte: »Das ist keine Dichtung. Es würde sich hervorragend eignen, den Bauern beim Zählen der Zecken auf ihren Schafen zu helfen.« Edith hatte als Tochter eines Großgrundbesitzers immerhin eigene Erfahrungen mit bäuerlichem Leben gemacht.

> *»Der Großteil der Menschen,*
> *die heutzutage lesen und schreiben,*
> *wären besser in der Hühnerzucht aufgehoben.«*
>
> Edith Sitwell

Im Laufe der Jahre gibt es kaum Schriftsteller oder Schriftstellerinnen, mit denen Edith Sitwell nicht kommuniziert, wobei diese Kommunikation von durchaus unterschiedlicher Qualität sein kann. Bewunderer ihrer Werke werden schnell ins Herz geschlossen, Kritiker, auch wenn sie vorsichtig und dezent sind, aufs schärfste bekämpft. So ätherisch und weltfern-exzentrisch Edith auch wirken mag – groß und schlank, in fantasievolle Gewänder gehüllt, der feine Kopf von merkwürdigsten Hüten gekrönt –, so weltnah-pragmatisch ist sie, wenn sie eine scharfe Klinge gegen einen Widersacher zu führen hat. Und von diesen gab es

nicht wenige, da Sitwells Gedichte, wiewohl von visionärer Kraft, naturgemäß nicht den Geschmack aller Rezensenten trafen. Sie war zwar keine Naturlyrikerin, doch Kindheitserinnerungen an ländliches Leben in Renishaw Hall nahe Sheffield hatten durchaus Spuren hinterlassen. In ihrem Gedicht »Early Spring« gelingt ihr auch mit Assoziationen rustikalerer Art die Darstellung von Sinnlichkeit, wenn sie über die warme, klebrige Milch aus den Zitzen der Ziege schreibt.

Leider konnte sie ihre eigene Sinnlichkeit wohl nur sublimiert ausleben. Die große Liebe ihres Lebens, ein russischer Maler, war homosexuell und ihr vor allem deswegen zugetan, weil sie ihn selbstlos unterstützte, wie schlecht er sie auch behandelte. Sicheren Rückhalt fand sie immer bei ihren beiden Brüdern, und die *Sitwell family* war in London für die Künste viele Jahre das, was die *Mitford family* für das Gesellschaftsleben gewesen war. Während die Mitfords ihr teilweise exzentrisches Leben nicht bewusst inszenierten, war für Edith Sitwell gerade dies ein Ausweis ihrer Kreativität; und so heißt ihre Autobiografie »*Taken care of*« in der deutschen Übersetzung nicht ohne Grund »*Mein exzentrisches Leben*«, wobei die wahre Exzentrik allerdings mehr im Verhalten ihrer Eltern liegt. Sie legte aber Wert darauf, anders zu sein als ihre Umwelt, anders zu sein als andere Dichter; Menschen, die »anders« waren, gehörte ihr besonderes Interesse, und so widmete sie ein traurig-humorvolles Buch den englischen Exzentrikern. Edith Sitwell wurde 1954 geadelt und trat ein Jahr später zum Katholizismus über. 1964 stirbt sie und wird auf dem Friedhof von Weedon Lois (Northamptonshire) begraben, wo auch ihre ungeliebte Mutter und ihr geliebter Bruder Sacheverell liegen.

Gewöhnlich sind es französische Autoren (seltener Autorinnen), deren Weinkenntnisse gerühmt werden. Deshalb ist es eine Besonderheit, wenn eine Frau, noch dazu eine Deutsche, von nicht wenigen Autorenkollegen als Connaisseurin französischer Kreszenzen gefeiert wird. Sybille Bedford, geborene Sybille Aleid

Virginia Woolf, um 1930.

Elsa Freiin von Schoenebeck, 1911 in Berlin zur Welt gekommen, in einem Schloss nahe Freiburg aufgewachsen, ging nur höchst sporadisch zur Schule. Ihre wesentliche Bildung erhielt sie durch ihren Vater, der ihr ein wenig über Sprachen und sehr viel über Wein beibrachte, denn er besaß einen großen Weinkeller mit teuersten Flaschen. Da er verarmt und kein Geld für Bier vorhanden war, musste notgedrungen ständig Wein getrunken und konnte eine entsprechende Kennerschaft erworben werden. Zu Einladungen kam Bedford immer mit ihrem eigenen Wein und so früh, dass Zeit zum Dekantieren blieb. Die Eltern wurden geschieden, und nach dem Tode des Vaters zog Sybille zu ihrer Mutter und lebte nun in England, Italien und Frankreich. Hier wohnte sie in Sanary-sur-Mer und war befreundet mit den Manns und anderen Emigranten. Auch sie hatte, wegen jüdischer Vorfahren und nach einem NS-kritischen Artikel in der Zeitschrift von Klaus Mann, ins Exil gehen müssen.

Als der Krieg ausbrach und die einmarschierenden Deutschen ihr gefährlich zu werden drohten, sorgten Aldous Huxley und seine Frau dafür, dass die junge Baronin einen Engländer heiraten konnte. Und da Sybille mehr den Frauen zugeneigt war, schloss sie mit dem Armeeoffizier Walter Bedford, der seinerseits einem Manne verbunden war, eine sogenannte *lavender marriage*; die Ehe endete bald, den Namen behielt sie bei. Die Huxleys drängten sie auch, endlich das zu tun, was ihr größter Wunsch war – zu schreiben. Von Beginn an verfasste sie ihre Texte auf Englisch, denn – so sagte sie einmal – diese Sprache wäre wie ein Seil für sie, das sie davor bewahrte, in den Fluten der sie umgebenden Multilingualität hinweggeschwemmt zu werden.

Bedford hat erst nach dem Krieg damit begonnen, ihr Geschriebenes auch zu veröffentlichen. Zwar hat sie nie die Möglichkeit zum Studium gehabt, das ihren Interessen entsprechend wahrscheinlich Jura gewesen wäre, aber im Laufe der Jahre wurde sie zu einer kompetenten und anteilnehmenden Berichterstatterin von wichtigen Strafprozessen nicht nur in Großbritannien, wie zum Beispiel bei der Verhandlung gegen Stephen Ward, den Drahtzieher bei der Callgirl-Affäre des Heeresministers Profumo, sondern auch auf dem Kontinent wie beim Frankfurter Auschwitzprozess oder in den USA beim Verfahren gegen den Lee-Harvey-Oswald-Mörder Jack Ruby. Fast alle ihre Bücher, auch die Romane, lassen Rückschlüsse auf ihr Leben zu – aber wirklich nur in Grenzen. In »*Jigsaw*« (»*Rückkehr nach Sanary*«) schreibt sie über das sonnenerfüllte und scheinbar noch nicht bedrohte Leben der deutschen Emigranten am Mittelmeer, und eine Art Fortsetzung erfährt das Buch in dem Roman »*A Compass Error*« (»*Ein trügerischer Sommer*«), der die Lebens- und Liebesverwicklungen von Flavia-Sybille aufdeckt. Das kosmopolitische Leben von Bedford, die Irrungen und

Sybille Bedford, 1990

91

Wirrungen von Kindheit, Jugend und Erwachsenwerden sind am deutlichsten in »*Quicksands: A Memoir*« (»*Treibsand. Erinnerungen einer Europäerin*«) geschildert, wenn auch nur wenige Millimeter unter die Oberfläche einer extravaganten Existenz gehend.

Über ihr privates Leben nämlich erfährt man anderswo wenig, kaum mehr als Geburtsdatum, Verleihung des Ordens OBE (*Order of the British Empire*) oder die Arbeit für den englischen PEN-Club wird mitgeteilt. In einem Brief von Nancy Mitford an Evelyn Waugh liest man neben lobenden Worten über Bedfords Werk auch spitze Bemerkungen über die wilde Lesbierin, die sich in Kleidung und Verhalten wie eine Rennfahrerin geriert. Sie hatte zwei vieljährige Beziehungen zu Frauen, die aber in ihrem Werk nur sehr andeutungsweise Erwähnung finden. Und erst nach ihrem Tod preist ein Journalist Bedfords unerschöpfliche Lebenskraft, wenn er sein Erlebnis bei einer Abendeinladung mit Bedford und einer sehr viel jüngeren, verheirateten Frau beschreibt. Als diese kurz den Raum verlässt, beugt sich die fast 90-Jährige vor, zeigt ihre zitternde Hand und erklärt, das sei die Liebe. Die Beziehung zu der jungen Frau besteht bis zu Bedfords Tod 2006.

Während die Darstellung der aristokratischen Gärtnerinnen mit einer Lady aus dem Hochadel endet, wird die der literarisch aktiven Adeligen mit einer Lady aus der *gentry* beschlossen. Und obendrein wird die Chronologie verlassen und mehr als 200 Jahre zurückgegangen, um Jane Austen vorzustellen. Sie entstammt zwar dem niederen Adel, ist aber unter dem Aspekt literarischer Aristokratie dem *Höchstadel* zuzurechnen, denn schließlich ist sie eine der bedeutendsten Autorinnen Englands. Jane Austen wurde 1775 als eines von acht Kindern des Dorfpfarrers in dem kleinen Ort Steventon in Hampshire geboren. Die Familie war groß, nicht sonderlich wohlhabend, bildungsbeflissen und gesellschaftlichen Vergnügungen zugeneigt. Sechs Söhne und zwei Töchter wollten ernährt, gekleidet und erzogen werden, und das bedeutete: Die Knaben gingen auf eine Schule beziehungsweise zur Marine, die

Jane Austen, zeitgenössischer Stich.

Mädchen blieben – bis auf ein kurzes Zwischenspiel – daheim. Dort standen immerhin eine gute Bibliothek, ein gebildeter Vater und eine kluge Mutter bereit, den Schwestern Cassandra und Jane hinreichendes Wissen zu vermitteln. Und Jane nutzte ihre Belesenheit, um bald selbst mit dem Schreiben anzufangen, wobei ihre Themen sich aus der nahezu täglichen Beobachtung ihrer Mitmenschen und aus einer kritischen, zumeist ironischen Anteilnahme an dem gesellschaftlichen Leben auf dem Lande ergaben. Der liebevolle, auf seine kreative Tochter sehr stolze Vater – nicht selbstverständlich in der damaligen Zeit – bemühte sich sogar, für deren ersten Roman einen Verleger zu finden, wenn auch vergeblich.

Trotz einiger Jahre in Bath und mancher Ausflüge nach London, nach Royal Tunbridge Wells und an die See bleibt Jane Aus-

Jane Austens Schreibtisch in Chawton Cottage.

ten dem ländlichen Hampshire und dem dortigen Adel verbunden. Bälle und andere Vergnügungen finden in dem nahen Ort Basingstoke oder in den umliegenden Herrenhäusern statt, die Jane relativ neidlos, dafür umso respektloser betrachtet. Da derartige Veranstaltungen nicht nur bloße Vergnügungen, sondern ein kaum kaschierter Heiratsmarkt sind, findet sich ein literarischer Reflex in dem wohl bekanntesten Satz von Austen: »Es ist eine allgemein anerkannte Wahrheit, dass ein alleinstehender Mann, der ein beträchtliches Vermögen besitzt, einer Frau bedarf.« (»*Pride and Prejudice*«, »*Stolz und Vorurteil*«) Sicherlich sollte auch die Frau nicht arm sein, und da Jane kein Vermögen hatte, war sie auf dem Heiratsmarkt ein unzureichendes »Angebot«, doch das trug sie mit außerordentlicher Fassung, denn wichtig waren der Pfarrerstochter ihre besonderen Kinder: die Romane. Und mit denen hatte sie großen Erfolg, obwohl (vielleicht aber auch: weil) diese nur mit dem Vermerk *by a Lady* erschienen.

Nach dem Tod des Vaters drohten die Mutter und die beiden unverheirateten Töchter der Armut anheimzufallen, doch die Brüder nahmen sich ihrer an, und der reichste gab ihnen ein Cottage in Chawton als Unterkunft. Die jungen Frauen revanchierten sich mit Hilfsdiensten in den Familien, wenn vor allem bei dem sehr wohlhabenden Bruder wieder einmal ein Kind angekommen war. Die ständigen Schwangerschaften ihrer Schwägerin erschienen Jane fast als eine Bedrohung, die sie den Ausschluss aus einem Eheleben noch leichter ertragen und ihre Autorinnen-Existenz durchaus als Privileg empfinden ließ. Und so setzte sie sich täglich an einen kleinen Tisch, um ein bestimmtes Pensum ihrer Romane zu schaffen.

In diesen werden das Landleben, die Ausflüge, die Picknicks, die Flirts und auch die immer stattfindenden Happy Ends ironisch, zuweilen auch satirisch, beschrieben. Virginia Woolf schreibt dazu, manchmal habe es den Anschein, als würden Austens Geschöpfe nur geboren, damit sie die köstliche Freude hätte, ihnen den Kopf abzuschneiden. Aber ihre Heldinnen behalten den Kopf immer oben, sie überstehen alle Anfechtungen, Eitelkeiten, problemati-

schen Verliebtheiten, um am Ende eines Romans, nicht etwa ihres Lebens, zu einer gewissen Zufriedenheit zu finden, die sich sogar in der Ehe ergeben kann. Wenn der Roman »Sense and Sensibility« im Deutschen den Titel »Verstand und Gefühl« trägt, so bezeichnet dieser Gegensatz durchaus das Leben auch anderer Heldinnen von Jane Austen, vielleicht sogar das der Autorin selbst. Und das Buch »Stolz und Vorurteil« lässt sicherlich Kritik an ihren Geschlechtsgenossinnen erkennen. Dennoch: Emma, Marianne, Catherine, Anne und Fanny genießen die Sympathie ihrer Schöpferin und deshalb auch die Liebe eines nicht immer gleich willigen Mannes.

Die größten Bissigkeiten hob sich Jane für ihre Briefe auf. So zum Beispiel, wenn sie geradezu brutal den Tod des Neugeborenen der Nachbarin mit dem Schrecken erklärt, den das Kind beim Anblick seines Vaters erlitten haben müsse. Immerhin werden ihr auf der Gedenktafel über ihrem Grab in der Kathedrale von Winchester Nächstenliebe, Sanftheit und Güte bescheinigt wie auch eine reiche Ausstattung ihres Geistes. Letzteres ist sicherlich noch untertrieben, die Sanftheit vielleicht zu stark herausgestellt. Wäre sie

Rosenberanktes Wohnhaus von Jane Austen.

nur sanft gewesen, würden Witz, Satire und Ironie in ihren Werken fehlen, und sie wäre nicht erfolgreich, sondern schlicht langweilig gewesen. Allerdings nimmt nach ihrem Tode 1817 das Interesse an ihrem Werk ab, und erst die 1870 erschienenen Erinnerungen ihres Neffen sorgen dafür, dass sie in die Erinnerung einer ganzen Nation, in das Gedächtnis eines internationalen Publikums gelangt und in den Status einer Klassikerin — eine Karriere, die nicht vielen Autorinnen zuteilwurde.

Der Status einer Klassikerin sollte Jane Austen noch aus einem weiteren Grunde zugesprochen werden! Kaum eine andere englische Autorin hat die Idylle der Ländlichkeit, die Freuden des Landlebens mit Gesellschaften, Picknicks, Kutschfahrten, Lustwandeln durch Parks und Gärten sowie Dinner Partys in Herrenhäusern derart einfühlsam und anschaulich beschrieben wie die junge Lady aus Hampshire. Und deshalb verwundert es nicht, wenn man nach der Lektüre ihrer Romane den Wunsch verspürt, eine Landpartie zu unternehmen, um ähnliche Vergnügungen wie Emma oder Mr. Darcy in der *countryside* der Britischen Insel zu erleben.

Albert Chevallier Tayler,
»Silk and Satins«,
1900, Privatsammlung,
London.

»We danced all night«

Adeliger Zeitvertreib, nicht nur in »Downton Abbey«

Auch wenn es zahlreiche adelige Ladys gab, die als Politikerin, Autorin, Gartengestalterin arbeiteten oder in karitativen Bereichen tätig waren und hier Erfolg hatten und Befriedigung fanden, so war doch vielen ihrer Standesgenossinnen bis in die Mitte des letzten Jahrhunderts, das heißt bis zum Beginn des Zweiten Weltkrieges, ein Los beschieden, das sich nur wenig von dem ihrer Großmütter und Urgroßmütter unterschied. Ihr Leben sollte darauf ausgerichtet sein, möglichst früh zu heiraten – vielleicht sogar aus Liebe –, dem Mann ein großes Haus zu führen und Kinder zu schenken, vor allem natürlich den männlichen Erben, wie es auch bei den *royals* üblich war und ist. Eine Ausbildung in gesellschaftlich relevanten Fähigkeiten hatte zu genügen, um das soziale Klassenziel, die Ehe, zu erreichen. Junge Mädchen lernten singen und Klavier spielen, um bei Abendgesellschaften zu unterhalten, sie übten sich im Malen, durften aber nur aquarellieren, da Ölbilder in Ateliers geschaffen wurden, in denen möglicherweise nackte Männer Modell standen. Konversation musste trainiert werden, was zum Beispiel heißen konnte, während des Spazierens durch den Park bei jedem Baum ein neues Thema zu beginnen, damit

Das Schloss Highclere Castle dient der
berühmten Fernsehserie »Downton Abbey« als Drehort.

später Gespräche auch mit desinteressierten, selbst mit langweiligen Männern durchgehalten werden konnten und nicht »einschliefen«.

Besonders wichtig aber war es für eine adelige Lady, einem großen Hause vorzustehen und es so kompetent zu führen, dass weder ein Abendessen im Familienkreis noch Einladungen für 1000 Menschen ein Problem darstellten. Bei Fragen und Schwierigkeiten konnte man immer auf die Handreichungen von Mrs. Beeton zurückgreifen; deren *Book of Household Management* durfte in keinem Hause fehlen, und es erreichte nach seinem Erscheinen 1861 unzählige Auflagen bis in die heutige Zeit.

Das Festlichste (und Teuerste), was einer adeligen Familie passieren konnte, war ein Besuch des Königspaares; derartige Ereignisse waren häufig so kostspielig, dass sich mancher Aristokrat darüber hoch verschulden musste – und sich nur sehr langsam, wenn überhaupt, davon erholte. In den Aufzeichnungen einer Herzogin finden sich Hinweise darauf, wie man sich derartige »Großveranstaltungen« vorzustellen hat. Im Juli besuchen König Georg V. und Königin Mary die Royal Show in Derby und sind zum Dinner in Chatsworth eingeladen. Die Aufzeichnungen der Köchin bezeugen ein opulentes neungängiges Menü, wie es für ein *formal dinner* in der damaligen Zeit repräsentativ und nicht nur zur Bewirtung von *royals* üblich war: Suppe, Steinbutt, Ente, Stubenküken, Gemüseplatte, Schinkencreme, Waldorfsalat, Soufflé, Erdbeeren Romanoff und Käsekuchen. Für die Gäste gibt es eigentlich nur ein Problem: Kommt das Essen noch warm auf den Tisch? Die Gänge, die in manchem Herrenhaus von der Küche zum *dining room* führen, sind so lang, dass eine Schlossherrin schon überlegte, eine Art Eisenbahn zu installieren.

Neben royalen Visiten gibt es noch viele andere Gelegenheiten, bei denen die Dame des Hauses ihr Talent als Gastgeberin unter Beweis zu stellen hat. Besonders beliebt sind Einladungen während der Jagdsaison, bei denen die Gäste ihrem Hobby vor allem im Herbst und Anfang des Winters nachgehen können – bei Fasanen zum Beispiel, dem meistgejagten Niederwild, vom 1. Oktober bis

30. Januar. Während früher die Ladys im Herrenhaus meist mehr oder minder gelangweilt warteten, bis ihre Männer aus Wald und Feld zurückkamen, sind viele von ihnen seit Längerem auch begeisterte Jägerinnen. Wer auf sich hält, hat eine maßgefertigte Flinte, die – individuell angepasst – aus wertvollem Walnussholz angefertigt wird, Silbergravuren aufweist und kaum unter 50.000 Pfund zu haben ist. Auf der Jagd hat man in der Regel einen sogenannten *loader* an der Seite, der die Gewehre, meistens Kaliber 12, schnell nachlädt, damit der Blick der »Diana« nicht vom zu jagenden Wild abgelenkt wird. Und durchaus wichtig: Die zünftige Mode für die Lady auf der Pirsch ist so kleidsam, dass sich sogar die schlimmste Kälte ertragen lässt. Da eine Jagd frühmorgens beginnt und nicht selten bis zum Dunkelwerden dauert, ist ein Picknick natürlich Pflicht. Die Herzogin erinnert sich an die Delikatessen, die mit einem Traktor durch schwieriges Gelände zur Jagdgesellschaft, die vielleicht gerade Moorhühner erlegen wollte, transportiert wurden. Da gab es noch warmes, frischgebackenes Brot, Schinken, Zunge und gebratene, nun kalte Moorhühner von der Jagd des Vortages,

Britische Teatime am Straßenrand, 1920.

DINNER TABLE—OLD FASHIONED STYLE.

Cornish pasties, Kartoffelsalat, einen Pudding, vielleicht die sehr süße *Treacle tart* und Stilton-Käse zum Abschluss. Und natürlich heiße Getränke, um den Finger für den Abzug wieder warm und beweglich zu machen.

Das wichtigste Ereignis im Leben eines jungen Mädchens war das gesellschaftliche *coming out,* die Vorstellung als Debütantin bei Hofe, worauf sich alle lange vorbereiteten. Der Vater stellte die nötigen Mittel zur Verfügung, die nicht nur für den Auftritt im königlichen Palast, sondern auch für die anschließenden Bälle und Lustbarkeiten aufzubringen waren. In einer Auflistung der 70er-Jahre des letzten Jahrhunderts werden etwa 25.000 Pfund für die Debütantinnen-Bälle veranschlagt – drei Jahresgehälter eines Arbeiters. Die Mutter half bei der Zusammenstellung der passenden und das heißt der vorgeschriebenen Kleidung – Weiß und Elfenbein waren als Farben vorschriftsmäßig, und eine kleine Schleppe durfte auch nicht fehlen. Die Tochter besuchte ein Insti-

Ein festlich gedeckter Tisch im englischen Stil.

tut, das darauf spezialisiert war, mit den *debs* den Hofknicks einzu-
üben. Ein solcher Knicks, der auch heute noch zelebriert wird und
bei Hofe zum Protokoll gehört – selbst Prinzessin Anne knickste
vor ihrer Großmutter »Queen Mum« –, muss trainiert werden,
um ihn ohne Wackeln und Umkippen ausführen zu können: Das
linke Knie wird hinter das rechte »geklemmt«, und dann gleitet
man langsam und anmutig, den Kopf erhoben, die Arme seitwärts
gehalten, nach unten. Ältere Ladys haben dabei nicht selten gewisse Schwierigkeiten, ohne Hilfe wieder nach oben zu kommen.
Die Vorstellung der jungen, meist 18-jährigen Mädchen bei Hofe
war deren Einführung in die Gesellschaft und zugleich die Präsen-
tation auf dem Heiratsmarkt, denn anschließend hieß es warten,
warten, warten, und zwar nicht unbedingt auf *Mr. Right*, sondern
generell auf den Antrag eines Heiratswilligen von Stand und
Vermögen.

Doch es gab in der zweiten Hälfte des 19. Jahrhunderts außer-
gewöhnliche Entwicklungen, die wie vieles ihren Ausgang in den
USA hatten. Frauen, die nicht warten wollten, kamen nach England
und machten die adelige Gesellschaft zu einer Art Kampfplatz auf
der Jagd nach einem Ehemann. Die amerikanische Schriftstellerin
Edith Wharton nennt ihren letzten Roman »*The Bucaneers*« (»Die
Freibeuterinnen«), und sie schreibt darin über jene jungen Frauen
aus reichem Hause, die sich nach England aufmachen, um einen
reichen Mann aus adeliger Familie zu »erbeuten« – je höher der
Adel, umso wertvoller die Beute. Selbst in den republikanischen
Vereinigten Staaten gab es eine Form von Adel, und zwar konsti-
tuierte der sich aus den Besitzern des »alten Geldes«, wohingegen
die »Neureichen« große Probleme hatten, gesellschaftlich akzeptiert zu werden. Also machten viele Ladys aus diesen Kreisen sich
auf, Europa und vor allem England »zurückzuerobern«.

Zu den ersten Frauen, die beim Unternehmen »Adelshei-
rat« Erfolge verbuchten, gehörten die drei Töchter Jerome aus
New York, deren Mutter sie nach Europa brachte, weil sie genug
hatte von den außerehelichen Liebschaften ihres Millionärsgatten,
die obendrein die gesellschaftliche Akzeptanz ihrer Töchter ver-

hinderten. Jeannette »Jennie« Jerome lernte bei der Regatta von Cowes den dritten Sohn des Herzogs von Marlborough, Randolph Spencer-Churchill, kennen und verlobte sich binnen Kurzem. Immerhin mussten die jungen Leute noch etwas mit der Hochzeit warten, da die Herzogsfamilie mit der Bürgerlichen nicht einverstanden war. Erst die reichliche Mitgift von Jennies Vater und die Fürsprache des Prinzen von Wales — später einer der zahlreichen Liebhaber von Lady Randolph Churchill — ermöglichten 1874 die Heirat, die aber nicht unbedingt gleichbedeutend war mit einem Happy End, denn die Eheleute gingen bald getrennte Wege. Jennie, die Mutter von Winston Churchill, gehörte schnell zum Mittelpunkt der Londoner Society und zu einer der bedeutendsten Gastgeberinnen, die ihren Einfluss nutzte, um die politische Karriere ihres Mannes und später die des Sohnes zu fördern. Während Jennie »nur« den dritten Sohn eines Herzogs eroberte, wurde etliche Jahre später die unglaublich reiche und unglaublich vornehme Eisenbahnerbin Consuelo Vanderbilt von ihrer ehrgeizigen Mutter zur Eroberung des 9. Herzogs von Marlborough, Charles Spencer-Churchill, gezwungen. Vanderbilts Vermögen rettete Schloss Blenheim vor dem Ruin, ihr Glück rettete es nicht — die Ehe wurde nach mehr als 20 Jahren geschieden. Die Ladys aus Übersee aber waren für die englische Aristokratie so etwas wie der »frische Wind«, der den Staub von einigen Traditionen pustete, ohne jedoch wesentliche Veränderungen zu bewirken.

Die Faszination, die von der englischen Aristokratie nicht nur für Menschen in Großbritannien ausgeht, wird sehr deutlich an der großen, internationalen Beliebtheit der britischen TV-Serie »*Downton Abbey*«. Irgendwo im Südwesten Englands steht im Film ein riesiges, neogotisches Schloss mit Türmen und Türmchen und einem weiten Blick über das Land; in der Realität ist Downton Abbey das Schloss Highclere Castle in Berkshire. Das (fiktive) Anwesen wird vom Earl of Grantham und seiner Familie bewohnt und bewirtschaftet, und dessen Erhalt stellt das Hauptproblem für den Chef des Hauses dar. Auch er hat eine Amerikanerin geheiratet, und für diese ist es nicht leicht, Gnade vor den Augen ihrer

strengen Schwiegermutter zu finden. Und Maggie Smith, die TV-Schwiegermutter, kann sehr ungnädig und sehr aristokratisch von oben herab schauen.

Sehr aristokratisch im realen Leben sieht eine Dame aus dem Hochadel von einem Bild des Malers Gainsborough herab, deren Biografie einige Ähnlichkeiten mit dem ihrer 200 Jahre später geborenen Verwandten Diana Spencer, zeitweilig Ehefrau von Prinz Charles, aufweist. Georgina Cavendish (1757–1806), Frau des 5. Herzogs von Devonshire, lebte ein außergewöhnliches, dramatisches, aber auch trauriges Leben. Als Georgina Spencer – wie Lady Diana – auf Althorp geboren, heiratete sie früh in die Cavendish-Familie, was ihr eine bedeutende Stellung in der Londoner Gesellschaft, aber wenig persönliches Glück einbrachte.

Bei dieser Übung zur Perfektionierung des Knickses muss die Debütantin ein Kästchen auf ihrem Kopf balancieren, 1934.

Elegantes Picknick im Ruderboot.

Anders als die heutigen Cavendishs lebte sie nicht auf Chatsworth, sondern in dem — inzwischen abgerissenen — Devonshire House in Mayfair gegenüber dem Green Park in London. Sie war in Bezug auf Mode das, was man heute eine Trendsetterin nennt, und ihre Gesellschaften waren berühmt, später auch berüchtigt, da sie häufig spielte, meistens um hohe Summen und meistens mit hohen Verlusten. Möglicherweise spielte sie aus Frustration, hatte doch der Herzog ihre beste Freundin als Geliebte mit ins Haus genommen; auch in ihrer Ehe gab es also drei Personen wie in der von Diana. Wie ihre Nachfahrin tröstete Georgina sich außerehelich, aber anders als bei Diana gab es keine Scheidung. Und was Diana als Engagement im Wohltätigkeitsbereich zeigte, das leistete die Herzogin — äußerst ungewöhnlich in ihrer Zeit — im politischen Leben: Sie unternahm Wahlwerbung für die Whigs (als liberale politische Partei bis Mitte des 19. Jahrhunderts Gegenspieler der konservativen Tories) und deren Protagonisten Charles James Fox. Als Wahlwerbegeschenke — so wird kolportiert — habe sie Küsse gegen Stimmen getauscht, was ihrer Beliebtheit in der Bevölkerung nicht abträglich war. Und während Diana sich vorsichtig möglichen Minenfeldern näherte, lebte Georgina einige Zeit im Paris der Revolution, ohne wohl die Gefahr zu erkennen. Anders als Diana aber, die auf Althorp in kalter Einsamkeit begraben liegt, wurde Georgina in der Grablege der Familie Cavendish in der Kathedrale von Derby beigesetzt.

Wilde Zeiten gab es fast immer im Dasein adeliger Damen, aber besonders sinnenfroh und munter gestaltete sich die Zeit, in der Königin Victorias ältester Sohn, der Prinz von Wales und spätere König Eduard VII., das gesellschaftliche Leben in England bestimmte. Wichtig war stets, das Dekorum zu wahren; als Thronfolger hatte er gegenüber dem streng moralischen Blick seiner Mutter zu bestehen, als König vor dem nicht minder strengen, aber sehr viel verständnisvolleren seines Volkes. Mit seiner Frau, der dänischen Prinzessin Alexandra, die er 1863 heiratete, führte er eine — zumindest aus seiner Sicht — glückliche, da der Zeit entsprechend äußerst offene Ehe. Mindestens 50 außereheliche Liebschaf-

A YACHTING CRUISE—BECALMED.

ten werden ihm nachgesagt, doch diese Zahl dürfte nur die Spitze der Bettkante sein. Die prinzliche Familie lebte im Marlborough House gegenüber dem St. James's Palace und nahe dem königlichen Palast, in dem die sittenstrenge Victoria bemüht war, sich nicht fortwährend über den ausschweifenden Lebenswandel ihres Sohnes aufzuregen. Sicher aber wird man ihr hinterbracht haben, dass der sogenannte »Marlborough House Set«, dessen fülliger Mittelpunkt der Kronprinz war, einen speziellen Ruf genoss als gesellschaftliches Nonplusultra in der Londoner Hautevolee. Und es dürfte weder der Königin noch der Kronprinzessin sonderlich gefallen haben, dass bei vielen der an der Marlborough Road stattfindenden Gesellschaften neue Beziehungen geknüpft wurden, die nicht unbedingt an das Licht der Öffentlichkeit gelangen sollten. Allerdings gab es davon auch Ausnahmen, und eine davon betraf die Liaison zwischen dem Kronprinzen und Frances »Daisy« Maynard, der Frau des Earls von Warwick.

Solange die Damen der besseren Gesellschaft zum Zeitvertreib nur auf Flaschen schossen, war alles in Ordnung.

Frances Evelyn »Daisy« Greville, Countess of Warwick (1861–1938), war – so wird gesagt – eine der schönsten, charmantesten und gescheitesten Frauen ihrer Zeit. Schon als Kind soll sie in einem solchen Ausmaße über diese Eigenschaften verfügt haben, dass ihr Großvater sie zur Alleinerbin seines riesigen Vermögens einsetzte, wodurch sie auch zu einer der reichsten Frauen im Lande wurde. Königin Victoria hätte sie gerne mit ihrem Sohn Leopold verheiratet, doch Daisy hatte sich in den zukünftigen Grafen von Warwick verliebt und setzte gegen Widerstände die eheliche Verbindung durch – die Hochzeit 1881 wurde eines der großartigsten gesellschaftlichen Ereignisse nicht nur des Jahres, sondern sogar des Jahrzehnts. Anfangs war die Ehe mit Lord Brooke, von ihr zärtlich »Brookie« genannt, ein länger währender Honeymoon, gesegnet mit reizenden Kindern. Das Ehepaar gehörte zum exklusiven »Marlborough House Set«, und so blieb es nicht aus, dass Daisy ihre wundervollen Augen schweifen und ihr Herz sich anderen Männern zuwenden ließ.

Highclere Castle, Grafschaft Hampshire, Schloss der Familie Carnavon. Drehort von »Downton Abbey«.

Erschwerend kam hinzu, dass sie zum einen außerordentlich indiskret war und bereitwillig über ihre jeweiligen Beziehungen plauderte und zum anderen extrem eifersüchtig reagierte auf die Frau eines ihrer Liebhaber, des attraktiven Admirals Beresford. Kurioserweise machte sie ihm den Vorwurf der Untreue, als seine Angetraute von ihm schwanger wurde. Derartige Eifersuchtsanfälle galten nach den gesellschaftlichen Usançen der damaligen Zeit als völlig indiskutabel, wogegen mehrere illegitime Kinder fast schon von minderer Bedeutung waren. Der Prominenteste von Daisys Lovern war sicher der Prince of Wales, mit dem sie neun Jahre zusammen war und während derer sie die Höhe sozialer Bedeutung in den vornehmen Kreisen innehatte. Zum Erstaunen, wenn nicht gar Entsetzen ebendieser Kreise kam es, als Daisy ihr Herz für die Armen entdeckte, wovon es im England zur Zeit von Königin Victoria und später ihres Sohnes Eduard VII. eine nahezu unüberschaubare, aber gern übersehene Menge gab. Sie nahm Kontakt auf zur deutschen Sozialdemokratie, traf sich mit August Bebel,

Training fürs Tontaubenschießen,
eine beliebte Sportart.

begrüßte die Oktoberrevolution, kandidierte nach dem Ersten Weltkrieg (erfolglos) für Labour und gab das, was von ihrem riesigen, durch die Ausgaben für viele rauschende Feste minimierten Vermögen noch übrig geblieben war, für die Einrichtung von Bildungsstätten unterschiedlichster Art auf ihrem Landsitz in Essex aus. Im Vergleich zu den meisten ihrer Standesgenossinnen war sie von bemerkenswerter Modernität und sozialer Aufgeschlossenheit.

Allerdings war es verpflichtend für die Damen der Gesellschaft, sich in Wohltätigkeit zu engagieren, und das bedeutete in Kriegszeiten meistens, als Hilfsschwester im Lazarett zu arbeiten. Auch Lady Diana Manners, 1893 als Tochter des 8. Duke of Rutland geboren – ihr leiblicher Vater war jedoch ein anderer –, wurde von ihrer Mutter im Ersten Weltkrieg in ein Londoner Krankenhaus geschickt, was ihr die Möglichkeit bot, in ihrer Freizeit das Nachtleben der Metropole so intensiv wie in der schwierigen Zeit mög-

Lady Diana Cooper, 1921.

lich zu genießen. In London gab es immer wieder kleine Gruppen, die das gesellschaftliche Leben bestimmten, und auch Diana gehörte einer solchen an. Die Clique »The Coterie« zählte Männer wie den Sohn des Premierministers Asquith, den Bankier Baring und Duff Cooper, Sohn eines prominenten Londoner Arztes, zu seinen Mitgliedern. Fast alle dieser jungen, vielversprechenden Männer fielen im Krieg, Duff Cooper jedoch überlebte, und sein Heiratsantrag wurde von Diana angenommen, obwohl ihre Eltern lieber den Prince of Wales, den späteren Herzog von Windsor, als Schwiegersohn gehabt hätten. Cooper plante eine politische Karriere, war jedoch ohne wesentliches Vermögen, weshalb sich Diana veranlasst sah, zum Familieneinkommen das Ihre beizutragen. Sie wurde Schauspielerin, und zwar eine sehr erfolgreiche. Max Reinhardt verpflichtete sie für die Hauptrolle der Madonna im Bühnenwerk »Das Mirakel« von Karl Gustav Vollmoeller und der Musik von Engelbert Humperdinck. Nach der Premiere in London ging sie mit dem Musik-Tanz-Drama – das ohne Text auskam und Sprachbarrieren daher nicht zu befürchten waren – auf Tournee durch die Vereinigten Staaten und trat sogar bei den Salzburger Festspielen auf.

»Ein Kuss auf die Wange ist zur Begrüßung wirklich vollkommen ausreichend. Schließlich sind wir hier nicht beim französischen Militär.«

Lady Diana Cooper

Als ihr Mann sich um ein Parlamentsmandat bewarb, unterstützte sie seinen Wahlkampf, wenn auch nicht sonderlich begeistert. »Wahlen sind etwas Abscheuliches, wenn man den Kandidaten liebt«, schrieb sie in ihren Erinnerungen. »Die Wahlpropaganda finde ich schauderhaft – das Anklopfen an fremde Türen, die unvorhersehbaren Launen der öffnenden Hausfrau, die man beim Kochen, beim Waschen oder beim Mittagsschlaf stört.« Duff Cooper gewann, machte politische Karriere, ohne dabei auf ein libertinäres Privatleben zu verzichten. Viele Jahre später schreibt eine englische Tageszeitung über Coopers Großneffen David Cameron, den jetzigen Premierminister, er habe eine ähnliche Erziehung genossen, eine Gesellschaftsschönheit geheiratet, würde aber — Gott sei Dank — nicht die Vorliebe seines Großonkels für Skandale teilen.

Diana blieb trotz seiner vielen Seitensprünge, inklusive eines außerehelichen Sohnes, bei ihrem Mann, weil er sie — so ihre Memoiren — immer wunderbar trösten konnte. Sie selbst tröstete sich damit, eine der berühmtesten Gastgeberinnen ihrer Zeit zu sein. Ihre Fähigkeit zu opulenten und originellen Einladungen war ein nicht unwesentlicher Beitrag zur Karriere ihres Mannes. Und so waren vor allem viele politische Weggefährten im Hause Cooper zu Gast, sei es in London oder im Landhaus, und mit der wachsenden Bedeutung des Politikers Cooper wuchs auch die Prominenz der Gäste, deren wichtigste sicher Winston Churchill und später Charles de Gaulle waren. Ihre Hochform als Gastgeberin erreichte Diana, als ihr Mann nach dem Kriege britischer Botschafter in Paris wurde und sie gewissermaßen als First Lady ihr Land auf dem Kontinent vertrat. Auch hier waren ihre Gesellschaften, die Dinnerpartys und Bälle berühmt, und die Einladungen dazu entsprechend begehrt. Sicherlich hätte sie auf einen ständigen Gast gerne verzichtet, den ihr Mann in der Botschaft einquartiert hatte — seine langjährige Geliebte; doch als seine Gesundheit schlechter wurde, blieb sie trotz allem bei ihm. Sie starb 1986, mehr als 30 Jahre nach ihrem Mann. Anscheinend ist Treue gut für die Gesundheit!

Eine andere Gesellschaftsdame, wenn auch aus sehr viel reicherem Hause als Diana Cooper, bestimmte die Schlagzeilen der Zeitungen in den 1920er- und 1930er-Jahren, und zwar in der Rubrik »Vermischtes und Skandale«, später auch im Politikteil. Edwina Cynthia Annette Ashley (1901–1960), Enkelin und Erbin des reichen deutschstämmigen Bankiers und Freundes des Prin-

---

V. l. n. r.: Jacques Costat, Lady Diana Cooper
mit ihrem Ehemann Duff und die Schriftstellerin Louise de Vilmorin
auf dem Bal du Panache, Juni 1944.

zen von Wales Ernest Cassel, sicherte sich ihren Nachruhm durch ihr außerordentlich bewegtes Liebesleben, aber auch durch ihre spätere soziale Arbeit. In der früher in England üblichen distanzierten Eltern-Kind-Beziehung aufgewachsen, wurde sie nach ihrem gesellschaftlichen *coming out* ein äußerst umschwärmtes Mitglied der Londoner Society. 1922 heiratete sie den Marineoffizier Louis Mountbatten, der — ähnlich wie später sein Neffe Philip Mountbatten, der die künftige Königin Elizabeth II. ehelichte — kaum über Geldmittel verfügte, aber immerhin königliches Blut in die Ehe einbrachte. Als Enkel Königin Victorias war er mit vielen *royals* in Europa verwandt, und im Ersten Weltkrieg wurde der Name seiner Familie — Battenberg — aus politischen Gründen anglisiert und zu Mountbatten. Die Verbindung der beiden Adeligen war wieder einmal eine »Hochzeit des Jahres«, bei der ein enger Freund des Paares, der Prince of Wales, als Trauzeuge agierte.

Der junge Ehemann war ständig unterwegs — zumeist auf See, die junge Ehefrau war ständig frustriert — zumeist daheim. Doch den Frustrationen wurde abgeholfen dank der Unterstützung vieler mehr oder minder engagierter Verehrer. Angeblich sollen die Hausangestellten zuweilen damit überfordert gewesen sein, die in Abwesenheit der Hausherrin vorsprechenden Gentlemen auf unterschiedliche Räume zu verteilen, damit diese gespannt ihre Geliebte erwarten konnten. Lord Mountbatten, später Louis Mountbatten, Ist Earl Mountbatten of Burma, war verständlicherweise von der Untreue seiner Ehefrau nicht sonderlich begeistert, wusste sich aber wohl im Laufe der Jahre anderweitig zu trösten. Lady Mountbatten reiste auch viel mit einer engen Freundin, was ebenfalls zu Gerüchten führte.

Die Situation änderte sich, als der Krieg ausbrach und Lady Mountbatten ihre Energie auf soziale Aktivitäten verwandte. Sie arbeitete für die *St. John Ambulance* — etwa vergleichbar den Johannitern in Deutschland — und kümmerte sich auch um freigelassene

Lord Louis und Lady Edwina Mountbatten als Vizekönig und Vizekönigin von Indien, 1948.

englische Kriegsgefangene. Ihr Mann wurde der letzte Vizekönig von Indien mit dem Auftrag, Indien in die Unabhängigkeit zu führen. Dabei kam es zu einer engen Beziehung mit Nehru, über die Edwinas Tochter schreibt, Nehru und ihre Mutter liebten sich sehr, aber nur platonisch. Als Lady Mountbatten starb und ihrem Wunsch entsprechend ein Seebegräbnis erhielt, schickte Nehru eine Fregatte, die einen Kranz über der Stelle abwarf, an der der Sarg versenkt worden war.

Eine wenig beliebte *society lady* bestimmte ebenfalls die Schlagzeilen vieler Zeitungen — anfangs nur die der ausländischen, da man auf der Insel, anders als heute, sehr zurückhaltend war beim Kolportieren von Klatschgeschichten. Diese Lady war Wallis Simpson, die spätere Herzogin von Windsor. Sie war zwar amerikanischer Herkunft, aber anders als die reichen amerikanischen »Freibeuterinnen« auf der Jagd nach englischen Adeligen weder reich noch auf der Jagd, denn ihre Ehehistorie ließ keinerlei Neigung zum Hochadel erkennen. Bessie Wallis Warfield, 1896 in Pennsylvania geboren, wuchs als Halbwaise in recht ärmlichen Verhältnissen auf. Um den sozialen Bedrängnissen zu entkommen, heiratete sie bald, doch leider war ihr Mann ein Alkoholiker. Mit ihm ging sie nach China, und um ihren dortigen Aufenthalt ranken sich manche Gerüchte über sexuelle Eskapaden, die aber keine Bestätigung fanden. Nach ihrer Scheidung heiratete sie den angloamerikanischen Schiffsmakler Ernest Simpson und führte mit ihm ein großes Haus im Londoner Stadtteil Mayfair — zu groß anscheinend nach dem New Yorker Börsenkrach, denn man musste Personal entlassen. Wallis Simpson war Gast auf vielen Londoner Partys, und auf einer lernte sie den Prinzen von Wales kennen. Und damit nahm ein royales Drama seinen Anfang, das genau genommen kein Happy End hatte, auch wenn die Protagonisten Hochzeit feierten.

Der Herzog von Windsor mit Gemahlin
Wallis Simpson an Bord der »United States« auf der Fahrt
von Le Havre nach Amerika, 1954.

Der attraktive und gut aussehende Thronfolger Edward Albert Christian George Andrew Patrick David Windsor, genannt David, während seines prinzlichen Lebens ein Womanizer, häufig mit mehreren Mätressen zugleich beschäftigt, und obendrein der begehrteste Junggeselle seiner Zeit, verliebte sich in die schon etwas ältere und noch nicht einmal besonders schöne Frau. Doch sie hatte Stil, Charme, extravaganten Geschmack und viele Anbeter. Was dem Prinzen besonders gefiel, war ihre direkte, offene, manche Mitmenschen sagten impertinente Art, die er für typisch amerikanisch hielt, und da er alles Amerikanische in englischer Aristokratenmanier schätzte, konnte auch Wallis auf seine Zuneigung rechnen. Nicht rechnen konnte sie dagegen darauf, dass der Hof und das Königspaar mit der Wahl des Thronfolgers einverstanden waren. Und als immer deutlicher wurde – zuerst in der ausländischen Presse, dann aber auch auf der Insel –, dass der Prinz eine Ehe mit der inzwischen zweimal geschiedenen Frau anstrebte, war die Empörung groß. Seltsamerweise wollte Wallis den Prin-

Dekoratives Detail am Eingang
von Highclere Castle

zen eigentlich gar nicht heiraten, sondern ihr genügte die komfortable Beziehung, die ihr aber immer unbequemer erschien. Als Georg V. starb, wurde David als Eduard VIII. König, und Wallis, recht realistisch die mögliche Katastrophe ahnend, wollte ihn verlassen – in seinem, in ihrem und im Interesse des Königreiches. Aber Eduard dankte ab – einmalig in der britischen Geschichte der Neuzeit – und überließ seinem Bruder, als König Georg VI., den Thron.

Nach der Abdankung erhielt der Ex-König den Titel des Herzogs von Windsor, ließ sich mit Wallis in Frankreich nieder und heiratete sie bald darauf. Doch war es keine Märchenhochzeit und wurde es kein Märchenleben voller Glück, Heiterkeit und Zufriedenheit. Wallis fühlte sich eingeschlossen, weil es kaum noch gesellschaftliches Leben gab, sie keinen Schritt ohne den Herzog tun konnte und immer um ihn herum sein musste. Der Herzog war nur noch gelangweilt, weil er keine sinnvolle, seinen früheren Möglichkeiten entsprechende Tätigkeit ausüben konnte. Während des Krieges wurde das Ehepaar auf die Bahamas beordert, weil Churchill in ihren Sympathien für Nazi-Deutschland eine Gefahr sah. Nach dem Krieg kehrten sie zurück, bezogen ein Haus in Paris und ließen die Tage eintönig verstreichen – die Höhepunkte waren zumeist Besuche bei Couturiers, um für Wallis einzukaufen. 1972 starb der Herzog wie sein Bruder an Krebs, 1986 die Herzogin – einsam nach langem Siechtum. Sie wurde neben ihrem Mann in Windsor beigesetzt; die Karten und Blumen zu ihrer Beerdigung kamen fast nur von Juwelieren und Modeschöpfern – von jenen Menschen also, die nach dem Tode des Herzogs ihre wesentliche Gesellschaft gewesen waren.

Unter
den Treppen

Ohne die Dienerinnen keine Ladys

Wenn man sich vorstellt, man könnte kaum etwas in seinem (Privat-)Leben tun oder sagen, ohne dass jemand zuschaut oder zuhört, so würde man wohl gegenwärtig eher an geheimdienstliche Ermittlungen als an einen gewöhnlichen Tagesablauf denken. In Häusern mit Dienstboten aber war man nie allein, stand unter ständiger Beobachtung und hatte — genau genommen — eigentlich kein echtes Privatleben. Da jedoch das Personal in jeder Hinsicht als untergeordnet galt, wertete man seine Anwesenheit bei den Verrichtungen des täglichen Lebens als selbstverständliches »Beiwerk«. Und so wurde nicht selten geflissentlich über jene Menschen hinweggesehen, ohne die ein großes Haus samt Herrschaft gar nicht hätte existieren können. Vor dem Ersten Weltkrieg, so einige Statistiken, waren ungefähr 1,3 Millionen im *domestic service* beschäftigt — 2012 waren es nur noch 65.000. Die Arbeitsmöglichkeiten reichten von einem kleineren Haushalt mit etwa vier bis zu den großen Häusern und Schlössern mit mehr als 300 Angestellten.

Der Begriff »Dienerschaft« scheint zu suggerieren, als gäbe es hier eine Einheitlichkeit, doch genauso wie es in der Hierarchie

---

Ein Dienstmädchen eilt die Treppe hinunter,
um die Wünsche der Herrschaften auszuführen.

eines Herrenhauses ein Oben und Unten, ein *upstairs* und *downstairs*, gibt, so findet sich auch im »Untergeschoss« eine soziale Rangordnung. An der Spitze des Hauspersonals stehen der Butler als »Majordomus«, als Verwalter des Anwesens, und die Hausdame (*housekeeper*), verantwortlich für die gesamte Reinigung und Pflege des Herrenhauses. Ihnen untergeordnet sind jeweils die männlichen (*footmen*) und weiblichen (*maids*) Dienstboten, wobei von diesen wiederum die persönlichen Bediensteten der Herrschaften abgehoben sind. Dem Lord dient ein *valet*, der Lady die *lady's maid*, und deren Aufgabe besteht vor allem darin, ständig für Herrn und Herrin da zu sein und ihnen jeden Wunsch zu erfüllen – möglichst bevor er ausgesprochen wird. Die in der »Service-Hierarchie« oben Stehenden werden ihrerseits bedient – vom *early morning tea* bis zum Putzen der Schuhe und zum Einlassen des Bades dürfen sie auf Hilfe rechnen. Ein gesonderter Bereich ist die Küche, in der in sehr reichen Häusern ein französischer Chef, in weniger reichen eine englische Köchin wirkt; diesen gehen zahlreiche weibliche Wesen zur Hand. Ganz unten auf der Stufenleiter der Dienerschaft steht die *scullery maid*, die den ganzen Tag (und Teile der Nacht) damit beschäftigt ist, schmutziges Geschirr, verkrustete Töpfe und Pfannen wieder blitzblank zu scheuern, und das früher natürlich nicht mit den modernen Putzmitteln. In dieser Aufzählung sind allerdings noch nicht die vielen dienstbaren Geister eines großen Anwesens berücksichtigt, die im Garten, in den Ställen und in der Landwirtschaft arbeiten.

Während die Distanz zwischen dem Oben und dem Unten als sehr ausgeprägt galt, und beispielsweise die Dienstboten bei Begegnungen mit der Herrschaft im Hause die Augen niederzuschlagen oder sich abzuwenden hatten, war die Kammerzofe in relativ enger persönlicher Verbindung zu ihrer Herrin. Schließlich hatte sie vom frühen Morgen bis zum späten Abend Aufgaben zu verrichten, die auch Einblicke verschafften in intimste Lebensbereiche der Lady. Morgens brachte das Mädchen den Tee ans Bett und weckte die Herrin, zog die Vorhänge zur Seite und öffnete vielleicht sogar die Fenster. Dann ließ sie das Bad ein und legte die Kleidung

zurecht, nachdem sie zuvor über das Tagesprogramm ihrer *lady-ship* informiert worden war; jeder Tag verlangte mindestens drei bis vier Kleiderwechsel, und falls noch Jagd- oder Reitausflüge geplant waren, kamen zwei weitere hinzu. Wenn die Lady ihr Bad beendet hatte, wurden ihre Haare gebürstet und gerichtet, und anschließend half man ihr in die Kleider, wobei diese Hilfe wohl am notwendigsten beim Anlegen des steifen Korsetts war. Ein solcher An-, Aus- und Umkleideakt vollzog sich mehrmals am Tag, und zwischendurch kontrollierte die Zofe, ob die Kleidung Flecken hatte, gewaschen, gebügelt oder genäht werden musste. Deshalb wurden sehr häufig junge Frauen als *lady's maid* eingestellt, die schneidern

Fünf »maids« posieren vor der Tür
eines »country house« in Buckinghamshire, ca. 1900.

KITCHEN UTENSILS.

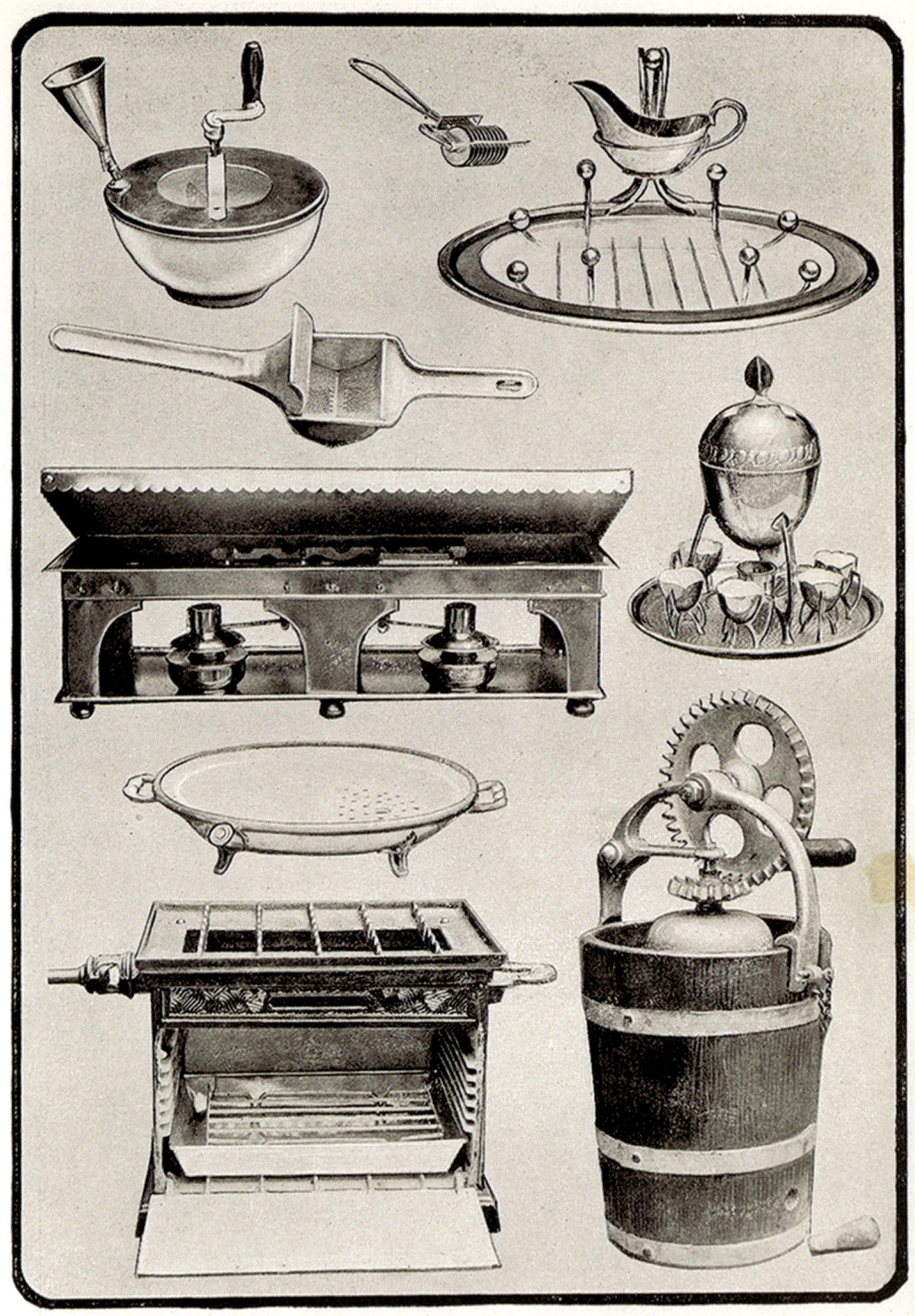

Mayonnaise Mixer, Mincer, Asparagus Dish, Masher and Strainer, Egg
Boiler, Table Hot Plate, Hot Water Dish, Gas Grilling Stove, Cream Freezer.

D*

konnten, denn es war immer etwas an der Garderobe zu ändern oder sogar anzufertigen, auch wenn die Lady nicht selten, zumindest ab Mitte des 19. Jahrhunderts, nach Paris fuhr, um bei dem für Haute Couture berühmten Modehaus *Worth* neue Roben zu ordern.

Was bei der Lektüre von Erinnerungen an den Service in einem Herrenhaus immer wieder irritiert, ist die Unselbstständigkeit der aristokratischen Bewohner. Von der Wiege an sind sie gewohnt, dass ihnen jemand alles abnimmt, was als Arbeit oder Mühe erscheinen könnte. Für die Kinder gab es die *nannies*, die nicht nur bedienten, sondern zugleich ihre emotionale Stütze waren, weil ihnen höchstens einmal am Tag kurzer Zugang zu ihrer Mutter gewährt wurde. Winston Churchill schreibt in seinen Erinnerungen, wie sehr er sich nach seiner Mutter sehnte, die nie Zeit für ihn hatte, und wie sehr er seine *nanny* liebte, der er alle seine Sorgen anvertrauen konnte und die ihn tröstete.

Trost brauchten auch häufig die Hausangestellten selbst. Fast noch als Kinder in den »Dienst« geschickt, litten sie unter Heimweh, herzloser Behandlung, extrem langen Arbeitstagen, kärglichen Unterkünften und Schlafmangel. Die Frauen mussten sich nicht selten der Nachstellungen durch die männlichen Familienmitglieder erwehren, die Dienstboten als Objekte erster sexueller Erfahrungen nutzen wollten; hatten sie jedoch ein Mädchen geschwängert, bekam — natürlich — dieses die Entlassungspapiere und, was noch schlimmer war, keine Referenz, da sie ja einen unmoralischen Lebenswandel führte. Freie Tage, geschweige denn Urlaub gab es kaum, die Gesundheitsfürsorge war nicht immer ausreichend, und der Lohn hätte durchaus höher sein dürfen. Insgesamt waren sie einer Ausbeutung ausgesetzt, die es, wenn auch in unterschiedlicher Weise, genauso in anderen Arbeitsverhältnissen gab, der sie sich aber nicht wenigstens kurzzeitig durch ein Verlassen des Herrenhauses entziehen konnten. Immerhin

Diese Abbildung aus »Mrs. Beeton's Book of Household Management« zeigt Küchenutensilien aus dem 19. Jahrhundert, wie sie damals gebräuchlich waren.

war die Ernährung erheblich besser als die vieler Arbeiter in den Elendsquartieren der Städte oder in den bäuerlichen Betrieben auf dem Lande. Die Arbeit in den Herrenhäusern war dennoch schwer, unangenehm und nicht selten unappetitlich; Nachttöpfe mussten geleert, schmutzige Wäsche mit den Spuren der Nacht aufgesammelt und Wasser für die mehr oder weniger gründliche Reinigung adeliger Körperteile viele Stufen hinauf- und anschließend wieder hinabgetragen werden. Und nicht immer konnten die dienenden Menschen ihren Namen behalten – für ihre bequemen Arbeitgeber war es einfacher, ihren Angestellten einheitliche Namen und vor allem einheitliche Kleidung, eine spezielle Uniform entsprechend dem Arbeitsbereich, zu verpassen.

> *»Parker stand im Türrahmen und war bemüht,*
> *mit dem Mobiliar zu verschmelzen – was genau der*
> *Aufgabe eines guten Butlers entspricht.«*

P. G. Wodehouse

In der nach-edwardianischen Zeit hielten jedoch Gedanken an gewerkschaftliche Organisation auch Einzug in den Alltag von Hausangestellten, und nach dem Ersten Weltkrieg verlor der *domestic service* zunehmend an Attraktivität, da es besser bezahlte und mit mehr Freiheit verbundene Stellen für junge Frauen als Fabrikarbeiterinnen, Sekretärinnen und Verkäuferinnen gab. Jetzt wurde es zu einem Problem für die Ladys, die Arbeit in den *stately homes* attraktiv zu machen, um Angestellte zu finden. Wesentlich war dabei zum einen die Gewährung von freien Tagen und zum andern die Bereitschaft, individuellere und modernere Kleidung zu akzeptieren. Völlig ungewohnt und für manche Lady geradezu skandalös war die Tatsache, dass der Mangel an Dienstpersonal diesem eine neue, wenn auch bescheidene Machtposition einräumte,

Eine »lady's maid« hilft bei der
täglichen Toilette der Dame des Hauses.

da die Dienerschaft bei schlechter Behandlung nun sehr viel leichter ihrer *mistress* kündigen konnte.

Obwohl die *upstairs-downstairs*-Verhältnisse inzwischen — mit Ausnahmen — Geschichte sind, erscheinen sie vielleicht gerade deshalb weiterhin interessant und finden in TV-Serien wie »*Downton Abbey*« oder »*Das Haus am Eaton Place*« ihre Darstellung. Und noch etwas anderes ist bemerkenswert: Waren es früher nur die Memoiren von adeligen Ladys, die in den Regalen der Buchläden standen, so sind es heute zunehmend Erinnerungen der *lady's maids*, die dem Lesepublikum eine andere Sicht auf aristokratisches Leben und auf die Existenz jener Menschen zeigen, die das Wohlleben des Adels erst durch ihre Arbeit ermöglichten. Eine beeindruckende Publikation ist sicher das Buch von Rosina Harrison, die 35 Jahre im

Oben: Anleitung für das Herbeirufen verschiedenster Dienstmädchen.

Links: Eine saubere Schürze war stets ein Muss. Dienstmädchen um 1900.

Dienst von Nancy Astor war. Bemerkenswert sind diese Erinnerungen insofern, als sie zeigen, dass aus dem Oben und Unten eine Gemeinsamkeit entstehen kann, aus der sich zwar keine Freundschaft, wohl aber gegenseitiger Respekt und uneingeschränkte Achtung entwickeln. Die anfangs ängstliche, aber auch sehr gescheite Rosina (oder Rose, wie sie genannt wird) macht der Lady schnell deutlich, dass sie zwar die Dienerin, nicht aber der *punchingball* für das Ausleben von Launen ist. Die willensstarke Nancy Astor muss erkennen, in Rose gewissermaßen ihre Meisterin gefunden zu haben, und es spricht für die Lady, dass sie die junge Frau in ihren Diensten behält und eine derart aufrechte Aufrichtigkeit — in Kreisen der Dienerschaft nicht so häufig — durchaus zu schätzen weiß. Rose begleitet Nancy auf Fahrten rund um die Welt und dürfte damit wohl die am weitesten gereiste Zofe ihrer Zeit sein. Das Verhältnis Lady — Dienerin erhält noch eine neue Qualität während des Krieges, als man in Plymouth gemeinsam Schutz vor Bomben sucht und sich in Angst vereint fühlt. Der Gegensatz *master* and *servant* zählte nicht mehr, die Beziehung wurde familiär. Obendrein erweckte die resolute, vor keiner Autorität zurückschreckende Parlamentsabgeordnete die uneingeschränkte Bewunderung ihrer Zofe. Die Verbundenheit zwischen den beiden Frauen wird enger, und Lady Astor bittet Rosina, sie nie zu verlassen — die Dienerin bleibt bis zu deren Tode bei ihrer Herrin. Wie versprochen, kümmern sich die Kinder von Nancy um sie, und es fehlt ihr an nichts. Besonders wichtig aber ist ihr, dass sie sich weiterhin als Teil der Familie fühlen darf — oder, wie sie es ausdrückt: »I am still one of the tribe.«

Wenn alle Beziehungen zwischen den Ladys und ihren Angestellten so gewesen wären wie die zwischen Nancy und Rose, also bei allen Konflikten und Problemen gewissermaßen in Augenhöhe trotz Knicks oder Verbeugung, vielleicht hätten TV-Serien wie »*Downton Abbey*« ein Thema weniger; dann wäre das Leben der verwitweten Herrin von Grantham in »*Downton Abbey*« viel langweiliger gewesen, denn zumindest in der filmischen Fiktion sind die ständigen Konflikte zwischen Dienstboten und Herrschaft ein besonders spannendes Element.

GOOD LORD!

Footman. "I'M SORRY TO SAY, MY LORD, THAT THE BUTLER'S UNABLE TO ATTEND TO YOU.   I LEFT HIM IN THE PANTRY AS DRUNK
AS A LORD, MY LORD."

Dec. 15th, 1926

Danksagung

Für Rat und Unterstützung sei gedankt:

Sir Nigel Nicolson (†); Rolf-Ingo Behnke, Salzgitter; Günther Pfannenstein (Foto Hamer), Bochum; Jutta Schreiber, Bochum.

Folgende Institutionen halfen:

Blenheim Palace, Woodstock; British Library, London; Chatsworth House, Bakewell; Jane Austen House, Chawton; The National Trust, Swindon; Royal Botanic Gardens, Kew; Virginia Woolf Society, Großbritannien.

Ein besonderer Dank gilt Dr. Elisabeth Sandmann für Ideen und Vorschläge, die das vorliegende Buch begleiteten. Und last but not least Sabine Durdel-Hoffmann für ein intensives Lektorat.

Hier serviert der »Footman« anstelle des ihm übergeordneten »Butlers«. »Entschuldigen Sie, Mylord, es ist dem Butler nicht möglich, Ihnen zu Diensten zu sein. Ich habe ihn in der Speisekammer liegen lassen müssen, betrunken wie ein Lord, Mylord.«

Literatur- und Quellennachweise

Anand, Sushila: »*Daisy. The Life and Loves of the Countess of Warwick*«, London 2009.

Arnim, Elizabeth von: »*Einsamer Sommer*«, Frankfurt/M. 1998. »*Elizabeth und ihr Garten*«, Berlin 2012. »*Garten der Kindheit*«, Frankfurt/M. 2007.

Austen, Jane: »*Emma*«, Berlin 2012. »*Stolz und Vorurteil*«, Berlin 2011. »*Verstand und Gefühl*«, Berlin 2011.

Bedford, Sybille: »*Ein trügerischer Sommer*«, München 2006. »*Ein Liebling der Götter*«, München 2005. »*Treibsand. Erinnerungen einer Europäerin*«, München 2006.

Bennett, Sue: »*Five Centuries of Women & Gardens*«, London 2000.

Berg-Ehlers, Luise: »*Die Gärten der Virginia Woolf*«, Berlin 2004. »*Das Glück des Schreibens*«, Berlin 2009.

Brown, Jane: »*Vita's other World*«, London 1985.

Churchill, Winston S.: »*Marlborough*«, 2 Bde., München 1968f.

Courcy, Anne de: »*Diana Mosley. Mitford Beauty, British Fascist, Hitler's Angel*«, London 2003. »*Debs at War.*«, London 2005.

Dalley, Jan: »*Diana Mitford*«, New York 2000.

Devonshire, Deborah: »*Wait for me*«, London 2010. »*The Garden at Chatsworth*«, London 1999. »*Home to Roost and other peckings*«, London 2009. »*The Duchess of Devonshire's Chatsworth Cookery Book*«, London 2003.

Fellowes, Jessica: »*Die Welt von Downton Abbey*«, Hamburg 2012.

Field, Ophelia: »*The Favourite. Sarah, Duchess of Marlborough*«, London 2002.

Foreman, Amanda: »*Die Herzogin von Devonshire. Das Leben einer leidenschaftlichen Frau*«, München 2009.

Fowler, Marian: »*Blenheim: Biography of a Palace*«, London 1991.

Girouard, Mark: »*A Country House Companion*«, London 1987.

Glendinning, Victoria: »*Edith Sitwell*«, Frankfurt/M. 1995. »*Vita Sackville-West*«, Frankfurt/M. 1994.

Hardyment, Christina: »*Behind the Scenes. Domestic Arrangements in Historic Houses*«, London 1997.

Harrison, Rosina: »*The Lady's Maid. My Life in Service*«, London 2011.

Holroyd, Michael: »*A Book of Secrets. Illegitimate Daughters, Absent Fathers*«, London 2010.

Horn, Pamela: »Women in the 1920s«, Stroud 2010. »The Rise and Fall of the Victorian Servant«, Stroud 1996.

Hyams, Jacky: »The real Life Downton Abbey«, London 2011.

James, Henry: »In England um glücklich zu sein«, München 1988.

James, Lawrence: »Aristocrats. Power, Grace & Decadence«, London 2010.

Kehoe, Elisabeth: »Fortune's Daughters«, London 2005.

Kellaway, Deborah (Hrsg.): »Women Gardeners«, London 1995.

Kelly, Angela: »Das trägt die Queen«, München 2012.

Kielinger, Thomas: »Elizabeth II. Das Leben der Queen«, München 2011.

Lanfranconi, Claudia: »Legendäre Gastgeberinnen und ihre Feste«, München 2012.

Lanfranconi, Claudia; Frank, Sabine: »Die Damen mit dem grünen Daumen«, München 2009.

Lethbridge, Lucy: »Servants. « London u. a. 2013.

Lord, Tony: »Sissinghurst«, Köln 1995.

Lovell, Mary S.: »The Mitford Girls. The Biography of an Extraordinary Family«, London 2004.

MacCarthy, Fiona: »Last Curtsey«, London 2006.

MacColl, Gail & McD. Wallace, Carol: »To Marry an English Lord«, New York 2012.

Maletzke, Elsemarie: »Mit Jane Austen durch England«, Frankfurt/M. 2009.

Mitford, Jessica: »Hunnen und Rebellen. Meine Familie und das 20. Jahrhundert«, Berlin 2013.

Mitford, Nancy: »Englische Liebschaften«, Berlin 2012. »Liebe unter kaltem Himmel«, Berlin 2013. »Noblesse Oblige. Böse Gedanken einer englischen Lady«, hrsg. von Reinhard Kaiser, Frankfurt /M. 1995.

Morgan, Janet: »Edwina Mountbatten. A Life of her own«, London 1991.

Mosley, Charlotte (Hrsg.): »The Mitfords. Letters between Six Sisters«, London 2007.

Mosley, Diana: »A Life of Contrasts. The Autobiography«, London 2009.

Musson, Jeremy: »How to read a Country House«, London 2005.

Nicolson, Juliet: »The perfect Summer. England 1911«, London 2007.

Nicolson, Nigel: »Porträt einer Ehe. Vita Sackville-West und Harold Nicolson«, Berlin 1996.

Pearson, John: »Facades: Edith, Osbert and Sacheverell«, London 1980.

Powell, Margaret: »Below Stairs«, London 2011. »Climbing the Stairs«, London 2011.

Sackville-West, Vita: »Erloschenes Feuer«, Berlin 1995. »Mein Garten«, München 2001. »Schloss Chevron«, Frankfurt/M. 2005. »Selected Writings«, hrsg. von Mary Ann Caws, New York 2002.

Sambrook, Pamela: »Keeping their Place. Domestic Service in the Country House«, Stroud 2005.

Sitwell, Edith: »Mein exzentrisches Leben«, Frankfurt a. M. 1994. »Englische Exzentriker«, Berlin 2009.

Somerset, Anne: »Queen Anne. The Politics of Passion«, London 2012

Souhami, Diana: »Mrs Keppel and Her Daughter«, London 1997.

Spence, Jon: »*Geliebte Jane*«, Frankfurt/M. 2007.

Spence, Lindsay: »*The Mitford Girls' Guide to Life*«, Stroud 2013.

Starkey, David: »*Monarchy. England & her Rulers from the Tudors to the Windsors*«, London 2007.

Taylor, Patrick: »*100 englische Gärten*«, Niedernhausen 1997.

Thompson, Laura: »*Life in a cold Climate. Nancy Mitford. The Biography*«, London 2004.

Trotha, Hans von: »*Der englische Garten*«, Berlin 1999.

Turner, Mary: »*The Women's Century. A celebrating of changing roles 1900–2000*«, Kew 2003.

Wende, Peter (Hrsg.): »*Englische Könige und Königinnen*«, München 1998.

Personenregister

Bildnachweis

akg-images, Berlin: Seite 88, 118, 121

Luise Berg-Ehlers, Bochum: 6, 8/9, 10, 14/15, 17, 20/21, 22, 25, 33, 44, 47, 52, 56 rechts, 57, 59, 62, 64/65, 68, 72, 75, 94, 96, 112, 113, 122

Bridgeman Images, Berlin: 18, 26, 42/43, 48, 84, 98/99, 129, 143

Chatsworth Picture Library: Umschlagfoto, 60

Getty Images, München: 28/29, 86

Interfoto, München: 35, 36, 39, 66/67, 71, 76, 103, 107, 108/109, 124/125, 126, 134, Umschlagrückseite

National Portrait Gallery, London: 53, 91

picture-alliance, Frankfurt am Main: 92, 100

Süddeutsche Zeitung Photo, München: 74, 117, 133

ullstein bild, Berlin: 56 links, 78, 114

Weitere Nachweise über das Bildarchiv des Insel Verlags.